Wilfried Thanner

Das Vorrangprinzip des Europarechts

Wilfried Thanner

Das Vorrangprinzip des Europarechts

Die Karfreitagsregelung im Bundesheer

Lehrbuchverlag

Imprint
Any brand names and product names mentioned in this book are subject to trademark, brand or patent protection and are trademarks or registered trademarks of their respective holders. The use of brand names, product names, common names, trade names, product descriptions etc. even without a particular marking in this work is in no way to be construed to mean that such names may be regarded as unrestricted in respect of trademark and brand protection legislation and could thus be used by anyone.

Cover image: www.ingimage.com

Publisher:
Der Lehrbuchverlag
is a trademark of
International Book Market Service Ltd., member of OmniScriptum Publishing Group
17 Meldrum Street, Beau Bassin 71504, Mauritius

Printed at: see last page
ISBN: 978-620-0-44577-3

Jede Person hat das Recht auf Gedanken-, Gewissens- und Religionsfreiheit.

(Art 10 Abs 1 EU-Grundrechtecharta)

Abstract - Deutsch

„Gurkenkrümmung", „Pommes frites – Verordnung", „Glühbirnen-Verbot" oder „Marmeladen-Richtlinie" – all dies sind Schlag- und Reizwörter, die der Österreicher mit der Rechtssetzung der Europäischen Union in Verbindung bringt. Seit Jänner 2019 ist diese Liste um einen Terminus reicher: die „Karfreitagsregelung".

Das supranationale Rechtssystem der Europäischen Union spricht neben den primärrechtlichen Bestimmungen auch den Verordnungen und Richtlinien sowie den Urteilen des Europäischen Gerichtshofs einen Vorrang gegenüber den nationalen Gesetzen der Mitgliedsstaaten zu. Aufgrund des vermeintlichen Verstoßes gegen die „Richtlinie zur Gleichbehandlung im Beruf" klagte ein österreichischer Arbeitnehmer wegen Diskriminierung aufgrund der Religion. In Folge der Entscheidung des Europäischen Gerichtshofs wurde dem Kläger Recht zugesprochen. Das Urteil wirkte sich unmittelbar auf den gesellschaftlichen, medialen und politischen Bereich aus. Innerhalb kürzester Zeit musste ein Kompromiss gefunden, Gesetze geändert und Erlässe angepasst werden. Damit verbunden war auch ein Eingriff in einen Generalkollektivvertrag aus dem Jahr 1952, dem aufgrund der hohen „Außenseiterwirkung" eine spezielle Bedeutung zukommt. Die gefundene Variante wurde von den diversen Interessensgruppen unterschiedlich aufgenommen. In der Praxis findet sie – zumindest im staatlichen Bereich – kaum Anwendung.

Der „persönliche Feiertag" entspricht mehr einem Erholungsurlaubstag, der einseitig durch den Arbeitnehmer festgelegt werden kann. Die ursprüngliche Idee, ein religiöses Fest gemeinsam im Kreise der Angehörigen einer Religionsgesellschaft zu begehen, ist gleichsam hinfällig geworden. Für Bundesbedienstete gelten zur Aufrechterhaltung des Dienstbetriebes, bei besonderem öffentlichen Interesse, die Regelungen in angepasster Form.

Auf den beruflichen Erfahrungen des Autors aufbauend, beschäftigt sich die gegenständliche Arbeit mit den oben angeführten Aspekten, führt die Theorie mit einem Beispiel der Praxis zusammen, liefert zur Veranschaulichung ressortinterne Zahlen, Daten und Fakten und bietet schlussendlich einen Ausblick über die weitere Entwicklung in dieser Thematik.

Abstract – English

Several regulations, directives and rules set by the European Union have led to emotional discussions within the Austrian population and became synonyms for the overboarding legislative in Brussels. Since January 2019 the list has been enriched by one more topic: the 'Good Friday – Regulation'.

The supranational legal system of the European Union is prior to the primary law, to the regulations and to the guidelines of the national law of its member states as well as the judgement of the European Court of Justice. An Austrian employee claimed discrimination based on religion, due to an alleged violation of the EU-directive 'Equal treatment in employment and occupation'. Following, a decision of the European Court of Justice the claimant was indirectly proofed to be right. The sentence had a direct impact on the relevant social, medial and political area.

Within a short period of time, a compromise had to be found, laws had to be changed and regulations had to be modified. Therefore, a 'collective agreement' from 1952 was interfered either. The best-considered solution was heavily discussed by the different pressure groups. In practice it is hardly in use.

The 'personal holiday' does more correspond with a day of recreation, which can be chosen by an employee without getting permit from the superior. The fundamental idea of celebrating a religious festival with the family and friends together, became obsolete. These regulations are valid for civil servants in a modified option.

Based on the professional experience of the author, this master-thesis focuses on the above mentioned aspects, combines the legal theory with a concrete example, illustrates internal facts and figures and finally leads to a future perspective of this subject.

Inhalt

Abkürzungsverzeichnis

Alphabetische Auflistung der in der Arbeit verwendeten Abkürzungen.

Die Titulierung der Gesetze in Form des Langtextes ist im Kapitel 5.2.2 ersichtlich.

ABGB	Allgemeines bürgerliches Gesetzbuch
Abl	Amtsblatt
Abs	Absatz
Abt	Abteilung
ADV	Allgemeine Dienstvorschrift
AEUV	Vertrag über die Arbeitsweise der Europäischen Union
AK	Arbeiterkammer
Anm	Anmerkung
ArbVG	Arbeitnehmervertragsgesetz
ARG	Arbeitsruhegesetz
Art	Artikel
ASG	Arbeits- und Sozialgericht
BDG	Beamtendienstrechtsgesetz
BGBl	Bundesgesetzblatt
B-GlBG	Bundes-Gleichbehandlungsgesetz
BMLV	Bundesministerium für Landesverteidigung
BMLVS	Bundesministerium für Landesverteidigung und Sport
BMöDS	Bundesministerium für Öffentlichen Dienst und Sport
BMVRDJ	Bundesministerium für Verfassung, Reformen, Deregulierung und Justiz
B-VG	Bundes-Verfassungsgesetz
bzw	beziehungsweise
ca	circa
DSGVO	EU-Datenschutz-Grundverordnung
ECLI	European Case Law Indentifier
EG	Europäische Gemeinschaft
EMRK	Europäische Menschenrechtskonvention
etc	et cetera
EU	Europäische Union

EuGH	Europäischer Gerichtshof
EUV	Vertrag über die Europäische Union
EWG	Europäische Wirtschaftsgemeinschaft
FCG	Fraktion christlicher Gewerkschafterinnen und Gewerkschafter im ÖGB
FRG	Feiertagsruhegesetz
FSG	Fraktion Sozialdemokratischer GewerktschafterInnen
GASP	Gemeinsame Außen- und Sicherheitspolitik
GehG	Gehaltsgesetz
gem	gemäß
GOG	Gerichtsorganisationsgesetz
ICJ	International Court of Justice
IGGÖ	Islamischen Glaubensgemeinschaft in Österreich
InKonfVerhG	Interkonfessionelles Verhaltensgesetz
IV	Industriellenvereinigung
MFW	Abteilung Menschenorientierte Führung und Wehrpolitik
Nr	Nummer
oa	oben angeführt
OECD	Organisation für wirtschaftliche Zusammenarbeit und Entwicklung
ÖBH	Österreichisches Bundesheer
ÖGB	Österreichischer Gewerkschaftsbund
ÖIF	Österreichische Integrationsfond
PERSIS	Personalinformationssystem
Präs	Präsidialabteilung
RIV	Vereinigung der Österreichischen Richterinnen und Richter
röm.-kath.	römisch-katholisch
RStDG	Richter- und Staatsanwaltschaftsdienstgesetz
S	Sektion
ua	unten angeführt

	unter anderem
UrlG	Urlaubsgesetz
va	vor allem
VBÄ	Vollbeschäftigungsäquivalent
VBG	Vertragsbedienstetengesetz
VBl	Verlautbarungsblatt
VfGH	Verfassungsgerichtshof
VN	Vereinte Nationen
VPol	Abteilung Verteidigungspolitik
VwGH	Verwaltungsgerichtshof
W-BedG	Wiener Bediensteten Gesetz
WIFO	Österreichisches Institut für Wirtschaftsforschung
WKO	Wirtschaftskammer Österreich
zB	zum Beispiel

1. Einleitung

„Es bleibt der letzte und allgemeine Maßstab für den Wert eines Menschen, ob er auch der Andacht fähig ist, seine Gedanken vom Staub des Werktages losmachen und eine Feiertagsstille in sich erzeugen und würdig genießen kann.“, so der deutsche Romanist und Nobelpreisträger Paul Heyse.[1] In unserer heutigen Gesellschaft, die von einem ständigen Wertewandel und Paradigmenwechsel gekennzeichnet ist, und in der Phrasen wie „Geiz ist geil“ sowie „life-balance“ dominieren, ist es in Hinblick auf das Freizeitangebot und die ständige elektronische Präsenz und Erreichbarkeit in den sozialen Medien notwendig, seine Freizeit auch als freie Zeit zu nutzen. Der Duden definiert Freizeit als *„Zeit, in der jemand nicht zu arbeiten braucht, keine besonderen Verpflichtungen hat; für Hobby, oder Erholung frei verfügbare Zeit.“*[2] Entscheidend erscheint der Faktor, dass eine Person selbstbestimmt über einen gewissen Zeitraum verfügen kann. Dazu zählt auch der Wunsch *„Ich will hier nur sitzen.“*[3] In wie weit – Loriot folgend – Freizeit als solche zu rechnen ist, wenn jemand von einer anderen Person zu einer Freizeitaktivität gedrängt wird, ist aus Perspektive der Selbstbestimmungen fraglich.

Rechtzeitig zum Beginn der Sommerferien veröffentlicht die *Gewerkschaft der Privatangestellten* eine vom *Institut für empirische Sozialforschung* erstellte Freizeit-Umfrage. Demnach geben 23 % der österreichischen Arbeiter und Angestellte an, mit dem Ausmaß ihrer Freizeit in einer durchschnittlichen Arbeitswoche sehr zufrieden zu sein. Weitere 31 %

---

[1] Aphorismen.de, https://www.aphorismen.de/suche?f_thema=Freizeit&seite=2 (Stand: 27.06.2019).
[2] Duden, Freizeit, https://www.duden.de/rechtschreibung/Freizeit (Stand: 27.06.2019).
[3] Vgl dailymotion, Loriot-Feierabend, https://www.dailymotion.com/video/x2zhfm9 (Stand: 27.06.2019).

seien mit ihrer Freizeit zufrieden.[4] Im Kontext hierzu ist die Anzahl der Urlaubstage und der gesetzlichen Feiertage zu setzen. Gemäß der *Organisation für wirtschaftliche Zusammenarbeit und Entwicklung* sind in Malta 24 gesetzliche Urlaubstage und zusätzliche 14 Feiertage vorgesehen.[5] Somit rangiert Malta mit 38 „freien Tagen“ auf Platz eins. Gleich dahinter reiht sich Österreich mit 25[6] bzw 13 Tagen ein. Somit stehen einem österreichischen Arbeitnehmer 38 freie Tage pro Jahr zu. Am unteren Ende der Skala stehen die Türkei, mit zwölf gesetzlichen Urlaubstagen und null Feiertagen, sowie die Vereinigten Staaten von Amerika. Dort verhält es sich invertiert. Auf null gesetzliche Urlaubstage kommen zehn Feiertage. Kurios mag dem Österreicher ein Gesetzesantrag der japanischen Regierung erscheinen. Um Gesundheitsprobleme, die auf die harte Arbeitsmoral der Japaner zurückzuführen ist, zu vermindern, sollen Arbeitnehmer gezwungen werden können, fünf Urlaubstage verpflichtend zu konsumieren. Laut einer Studie verbrauchten Japaner 2013 nur neun, der ihnen zustehenden 18,5 Urlaubstage.[7]

---

[4] Vgl GPA-djp, Freizeit-Umfrage, https://www.gpa-djp.at/cms/A03/A03_0/home (Stand: 25.06.19).

[5] Vgl *Corcoll*, In diesen Ländern gibt es die meisten freien Tage, https://www.welt.de/wirtschaft/bilanz/article161759279/In-diesen-Laendern-gibt-es-die-meisten-freien-Tage.html (Stand: 27.06.19).

[6] Anm: Die Zahl von 25 Urlaubstagen entspricht Arbeitstagen. Werden Werktage gezählt, so erhöht sich die Anzahl auf 30 Urlaubstage. Nach der Vollendung des 25. Dienstjahres ist grundsätzlich eine Erhöhung um eine Woche (fünf bzw sechs Tage) vorgesehen. Zusätzliche Urlaubstage gibt es für versehrte Arbeitnehmer. Außerdem kann es je nach Beschäftigungsverhältnis oder Dienst- /Arbeitgeber zu weiteren Abweichungen kommen. So legt § 44 *Wiener Bedienstetengesetz* (W-BedG), LGBl 2017/33, das Ausmaß des Erholungsurlaubes auf 200 Stunden fest, und erhöht den Anspruch ab Vollendung des 33. Lebensjahres und Erreichen einer Dienstzeit von fünf Jahren auf 216 Stunden, bzw ab dem 43. Lebensjahr und zehn Jahren auf 240 Stunden.

[7] Vgl Spiegel online, Regierung will Japaner zum Urlaub zwingen, https://www.spiegel.de/karriere/japan-will-arbeitnehmer-zu-fuenf-tagen-urlaub-pro-jahr-zwingen-a-1016708.html (Stand: 27.06.2019).
Anm: Die geringe Anzahl der konsumierten Urlaubstage in Japan ist mit der Anzahl der gesetzlichen Feiertage beinahe kompensiert. Mit 16 gesetzlichen Feiertagen – hinzu kommen arbeitsfreie Tage als Ausgleich für einen auf einen Sonntag fallenden Feiertag, bzw

In Österreich sind die Feiertage im *Feiertagsruhegesetz 1957*[8] festgehalten. Diese lassen sich unter anderem auf das *Konkordat zwischen dem Heiligen Stuhle und der Republik Österreich*[9] zurückführen. Art IX beschreibt, dass die folgenden, durch die Kirche festgesetzten Feiertage, von der Republik Österreich anerkannt werden:

- alle Sonntage
- Neujahrstag
- Epiphanie (6. Jänner)
- Himmelfahrtstag
- Fronleichnam
- Fest der heiligen Apostel Peter und Paul (29. Juni)
- Maria Himmelfahrt (15. August)
- Allerheiligen (1. November)
- Tag der unbefleckten Empfängnis (8. Dezember)
- Weihnachtsfeiertag (25. Dezember)

Zum Konkordat ergänzende bzw abweichende Feiertage sind im *Feiertagsruhegesetz* festgelegt. Diese sind der Ostermontag, der Staatsfeiertag (1. Mai), der Pfingstmontag, der Nationalfeiertag (26. Oktober) und der Stephanstag (26. Dezember) angeführt. Somit haben von den 13 verankerten Feiertagen in Österreich zehn einen religiösen Bezug und drei einen rein staatlich-weltlichen. Werden diese beiden Auflistungen verglichen, fallen zwei Besonderheiten auf. Zum einen findet das Fest „Peter und Paul" keine Erwähnung im *Feiertagsruhegesetz* und

---

wenn ein Arbeitstag von zwei Feiertagen eingeschlossen ist und weiters regionale Feiertage – verfügt Japan über die höchste Anzahl an freien Tagen der Industrieländer.

[8] Vgl Feiertagsruhegesetz 1957 BGBl 1957/153.

[9] Vgl Konkordat zwischen dem Heiligen Stuhle und der Republik Österreich samt Zusatzprotokoll, BGBl II 1934/2.

wird als solches auch nicht staatlich begangen; es handelt sich um einen „normalen" Arbeitstag.

Maria-Empfängnis[10] am 8. Dezember ist gem § 7 *Arbeitsruhegesetz*[11] ein Feiertag, und folglich arbeitsfrei. Das Aufsperren der Geschäftslokale ist jedoch im Handel seit 1995 von 10.00 bis 18.00 Uhr erlaubt.[12] In der Branche kann jedoch ein Arbeitnehmer nicht zur Arbeitsleistung gezwungen werden.[13] Darüber hinaus urteilte der *Oberste Gerichtshof*, dass bei Groß- und Einzelhandelsmischbetrieben nur Arbeitnehmer im Bereich des Kleinhandels am 8. Dezember zu einer Arbeitsleistung herangezogen werden dürfen.[14] Ein Arbeitnehmer der am Tag der Empfängnis Mariens durch ihre Mutter Anna tatsächlich beschäftigt wird, erhält zum Dezembergehalt, für jede von ihm am Feiertag geleistete Stunde, zusätzlich eine Abgeltung in der Höhe des normalen Stundensatzes, also das Feiertagsarbeitsentgelt. Arbeitet er mehr Stunden als normalerweise an diesem Wochentag, so sind diese Überstunden mit einem Zuschlag von 100 % zu entlohnen.[15]

Es war auch die Frage des Feiertagsentgelts, die im Jahr 2017 zu einem Ersuchen um Klarstellung des *Obersten Gerichtshofes* an den *Europäischen Gerichtshof* führte. Ein Kläger forderte für seine

---

[10] Anm: Dieser Tag wird in Österreich seit 1647 als Marienfeiertag begangen. Unter dem nationalsozialistischen System wurde er als solcher abgeschafft, bevor er 1955 nach einer Volksabstimmung wiedereingeführt wurde.
Vgl Die Presse, Alle Jahre wieder: Der Kampf um den 8. Dezember, https://diepresse.com/home/wirtschaft/economist/435155/Alle-Jahre-wieder_Der-Kampf-um-den-8-Dezember (Stand: 01.07.2019).

[11] Vgl Bundesgesetz vom 03.02. 1983 über die wöchentliche Ruhezeit und die Arbeitsruhe an Feiertagen (Arbeitsruhegesetz - ARG) BGBl 1983/144.

[12] Vgl Öffnungszeitengesetz 2003, BGBl 2003/43.

[13] Vgl Wirtschaftskammer Österreich, Beschäftigung von Mitarbeitern im Handel am 8. Dezember, https://www.wko.at/service/arbeitsrecht-sozialrecht/Beschaeftigung-von-Mitarbeitern-im-Handel-am-8.-Dezember.html (Stand: 28.06.2019).

[14] Vgl OGH 4 Ob 53/17y, ECLI:AT:OGH0002:2017:0040OB00053.17Y.0727.000.

[15] Vgl trend, 8. Dezember: Welche Rechte für Arbeitnehmer im Handel gelten, https://www.trend.at/branchen/rechtsschutz/dezember-welche-rechte-arbeitnehmer-handel-8404404 (Stand: 28.06.2019).

Arbeitsleistung zusätzlich zum Arbeitsentgelt auch das Feiertagsentgelt, da der Karfreitag für Protestanten und Altkatholiken in Österreich als Feiertag gem *Arbeitsruhegesetz* galt, und er sich daher, basierend auf die Europäische Gleichbehandlungsrichtlinie, diskriminiert sah. Weder das Konkordat noch das *Feiertagsruhegesetz* sehen den Karfreitag als religiösen oder gesetzlichen Feiertag an. Mit dem Spruch im Vorabentscheidungsverfahren im Jänner 2019 wurde die in Österreich gängige Regelung als gleichheitswidrig eingestuft. Ein bezahlter Feiertag dürfe nicht nur einzelnen Religionsgruppen zugestanden werden. Mit der Entscheidung, die unmittelbare Gültigkeit erfuhr, wurde die Bundesregierung in die Pflicht genommen, innerhalb kürzester Zeit eine neue Regelung zu erlassen. Nach dem Passieren der letzten parlamentarischen Hürde im Bundesrat wurde im März 2019 schließlich die Neuregelung präsentiert. Der „persönliche Feiertag" wurde geschaffen. Dieser gelte für alle Arbeitnehmer im privaten Bereich und im öffentlichen Dienst. Folglich waren unter anderem die Erlässe zum Erholungsurlaub und zur Dienstzeitregelung im Österreichischen Bundesheer zu ändern.

Wie kommt es aber dazu, dass ein Entscheid der „*Europäischen Union*" Auswirkungen auf Soldaten in Österreichs Kasernen hat?

1.1 Forschungsleitende Frage

Um die Aspekte des Vorrangprinzips des Europarechts gegenüber der nationalen Rechtsprechung am Beispiel der Karfreitagsregelung abbilden zu können, stellt sich folgende forschungsleitende Frage:

- Welche Auswirkung hat ein Erkenntnis des *Europäischen Gerichtshofs* auf ministerielle Erlässe?

Daraus leiten sich nachstehende Subforschungsfragen ab:

- Wie stellt sich das Zusammenwirken von Unionsrecht mit dem nationalen Recht dar?
- Was besagen der „Stufenbau der Rechtsordnung", das „Vorrangsprinzip des Europarechts" sowie Sprüche im Vorabentscheidungsverfahren und welche Folgen haben sie in der nationalen Rechtsprechung?
- In welchem Zusammenhang stehen die Grundsätze der Gleichbehandlung bzw des Diskriminierungsverbotes mit dem gewählten Beispiel?
- Wie sind Religionsausübung, Dienstzeit und die Urlaubssystematik im Österreichischen Bundesheer geregelt, welche Fakten liegen zu Grunde, und wie mussten die Bestimmungen aufgrund des Spruches des Europäischen Gerichtshofes geändert werden?
- Wie geschieht die aktuelle Umsetzung, was sind die Auswirkungen und die Folgen im (militärischen) Dienstbetrieb?

1.2 Abgrenzung

Im Rahmen dieser Arbeit wird auf folgende Punkte bewusst nicht näher eingegangen:

- Nähere Beleuchtung bzw tiefere Auseinandersetzung der in diesem Zusammenhang stehenden politischen, wirtschaftlichen und gesellschaftlichen Aspekte.
- Konkreter Vergleich mit anderen Berufs- und Arbeitsgruppen.
- Bezug auf und Vertiefung in den religiösen Motiven.

1.3 Ziel der Arbeit

Die vorliegende Arbeit bietet eine Darstellung, wie und wie weit sich eine Entscheidung der *Europäischen Union* bzw des *Europäischen Gerichtshofes* auf oberster Ebene, beim Bürger, auf unterster Ebene, im Speziellen bei Bediensteten des Österreichischen Bundesheeres, auswirkt.

Die Arbeit richtet sich sowohl an juristisch kundige Personen als auch an einen an der Thematik interessierten Leserkreis. Daher erscheint es notwendig, teilweise auf Sachverhalte einzugehen, die dem „Juristen" geläufig sind. In der Gesamtbetrachtung rundet dies das Bild ab.

1.4 Inhalt

Nach dem Vorwort und der Einleitung, welche den Zugang zur Arbeit darstellt, werden im zweiten Kapitel zum einen die grundlegenden, für diese Arbeit relevanten, Begriffe und Systematiken dargelegt. Zum anderen soll der Leser mit der Problematik und der Fragestellung vertraut gemacht sowie mit dem notwendigen Hintergrundwissen versorgt werden. Im Mittelpunkt dieses Abschnittes steht die Verdeutlichung des Vorrangprinzips und der Direktwirkung des europäischen Rechts gegenüber der nationalen Rechtsprechung.

Das folgende dritte Kapitel, stellt den Hauptteil der Arbeit dar. Es wird im Konkreten auf die gesetzlichen, politischen und gesellschaftlichen Herausforderungen und Folgen eingegangen, die eine Entscheidung des *Europäischen Gerichtshofes* mit sich bringt. Dabei wird zuerst die gesamtstaatliche Situation beschrieben, die anschließend auf die Situation und die Umsetzung in einem Teilbereich – im Österreichischen Bundesheer – dargestellt wird.

Im Schlussteil dient die Zusammenfassung einer Abschlussbetrachtung bzw als Verknüpfung der gewonnenen Erkenntnisse der einzelnen Kapitel. Mit dem Ausblick sollen mögliche Entwicklungen in dieser Thematik aufgezeigt werden.

1.5 Zitierweise

In der gegenständlichen Arbeit wird das geisteswissenschaftliche System zur Zitierung herangezogen. Als Grundlage dienen die *„Abkürzungs- und Zitierregeln der österreichischen Rechtssprache und europarechtlicher Rechtsquellen“* (AZR)[16].

1.6 Sprachliche Gleichbehandlung

Um dem Sinne des Grundgedankens einer möglichst leichten Lesbarkeit Rechnung zu tragen, ist eine geschlechterneutrale Formulierung zu verwenden. Kommt eine formelle sprachliche Gleichbehandlung der Geschlechter aus sprachlichen oder ökonomischen Gründen nicht in Betracht, wird das generische Maskulin verwendet.

Die in dieser Arbeit verwendeten personenbezogenen Ausdrücke betreffen – soweit dies inhaltlich in Betracht kommt – Frauen und Männer gleichermaßen.

[16] Vgl *Dax/Hopf*, Abkürzungs- und Zitierregeln der österreichischen Rechtssprache und europarechtlicher Rechtsquellen [8] (2019)

2 Die Grundlagen des Europäischen Rechts

„Die in Brüssel!" ist eine oftmals von Politikern und der Bevölkerung genutzte Phrase um sich einerseits über Regelungen zu mokieren oder andererseits die „Schuldigen" nicht in den eigenen Reihen zu suchen. „Die in Brüssel" besitzen die Kompetenz gesetzliche Bestimmungen zu erlassen, die nicht nur von den Mitgliedsstaaten (MS) umzusetzen sind, sondern bis zum einzelnen Unionsbürger durchdringen und ihm Rechte und Pflichten abverlangen. „Die in Brüssel" sind befähigt Verordnungen zu erlassen, deren Inhalt für alle Bürger gleich ist, Richtlinien zu definieren, die die unterschiedlichen nationalen Regelungen harmonisieren sollen, und Entscheidungen zu treffen, wenn es zu Unklarheiten in der Auslegung der nationalen Gesetze mit den unionsrechtlichen Reglements kommt. Wie aber ist das Unionsrecht im Gesamtsystem des Rechts generell und im Verhältnis zur nationalen Rechtsordnung speziell einzustufen?

2.1 Die Einordnung des Unionsrechts

Laut Völkerrecht sind Staaten als originäre staatliche Völkerrechtssubjekte bemächtigt, im Rahmen von Verträgen internationale Organisationen zu gründen, die ihrerseits wiederum in der Lage sind, Recht zu setzen. Durch Adaption oder Transformation werden diese Bestimmungen in nationales Recht übergeleitet und erlangen somit Gesetzescharakter. Mit dem Vertrag von Lissabon,[17] der mit

[17] Vgl Vertrag von Lissabon zur Änderung des Vertrags über die Europäische Union und des Vertrags zur Gründung der Europäischen Gemeinschaft samt Protokollen, Anhang und

1. Dezember 2009 in Kraft trat, bildet der *Vertrag über die Europäische Union* (EUV) sowie der *Vertrag über die Arbeitsweise der Europäischen Union* (AEUV) die Grundlage der heutigen *Europäischen Union* (EU). Art I EUV legt fest, dass der Union Kompetenzen zur Verwirklichung gemeinsamer Interessen übertragen werden. Dies stellt eine neue Stufe der Zusammenarbeit zwischen den Staaten beziehungsweise (bzw) zwischen den MS dar.

Dies schafft eine Eigenständigkeit des Europarechts, welches daher nicht mit „internationalem Recht“, sondern mit „supranationalem Recht“ betitelt wird. Die Supranationalität kennzeichnet sich unter anderem durch:[18]

- Die Möglichkeit, die MS auch nur durch mehrheitlich gefasste Beschlüsse zu binden.
- Die Zusammensetzung der Organe durch Vertreter, die weisungsfrei und ungebunden von ihren nationalen Regierungen entscheiden.
- Die Schaffung von Rechtsakten, die in den MS eine unmittelbare Wirkung erzeugen, ohne durch einen innerstaatlichen Akt aufgenommen werden zu müssen.
- Die Kompetenz, mit Rechtsakten neben den MS auch natürliche und juristische Personen zu berechtigen und verpflichten.
- Die obligatorische Gerichtsbarkeit von Rechtsprechungsorganen.

Unionsrecht stellt im Vergleich zum nationalen Recht der MS eine eigene Rechtsordnung dar. Es ist im Stufenbau klar über den nationalen Gesetzen anzusiedeln. Unionsrecht ist in der Auslegung und vor allem in der Umsetzung wechselseitig stark mit den nationalen Bestimmungen

---

Schlussakte der Regierungskonferenz einschließlich der dieser beigefügten Erklärungen („Reformvertrag“) BGBl III 2009/132.

[18] Vgl *Fischer/Köck*, Einführung in das Institutionelle Europarecht (2018) 19.

verknüpft. Die unten angeführte Grafik zeigt im Stufenbau der Rechtsordnung das Verhältnis zwischen nationalem und europäischem Recht. Ob die Baugesetze der österreichischen Bundesverfassung, die gem. Art 1 B-VG nur mit einer Volksabstimmung geändert werden können, über den europäischen Regelungen stehen oder nicht ist unter den Experten umstritten. Während die *Vereinigung der Österreichischen Richterinnen und Richter (*RIV) das Europarecht den Baugesetzten nachordnet,[19] sehen vor allem Europarechtsexperten das Unionsrecht als höherstehend an. In jedem Fall ist das internationale Völkerrecht an die Spitze zu setzen.

Abbildung 1: Stufenbau der Rechtsordnung (Eigendarstellung)

Die Verknüpfung der Rechtsordnungen zielt auf die Loyalität der Vertragspartner –
sprich auf die Mitglieder der EU – ab. Art 4 Abs 3 EUV besagt: *„Nach dem*

[19] Vgl Vereinigung der Österreichischen Richterinnen und Richter, Stufenbau der Rechtsordnung, https://richtervereinigung.at/justiz/rechtssystem/stufenbau-der-rechtsordnung/ (Stand: 14.10.19).

Grundsatz der loyalen Zusammenarbeit achten und unterstützen sich die Union und die Mitgliedsstaaten gegenseitig bei der Erfüllung der Aufgaben, die sich aus den Verträgen ergeben." Daher müssen alle staatlichen Organe – Exekutive, Legislative und Judikative – zum Schluss kommen, dass die Rechtsordnung der EU keine fremdartige Materie darstellt, sondern, dass MS und Unionsorgane im Sinne einer Solidargemeinschaft zusammen an der Verwirklichung gemeinsamer Ziele arbeiten müssen.[20] Dies gilt im Endeffekt auch für den einzelnen Bürger bzw für die Gemeinschaft der Bürger.

Die Loyalität ist in der Aufgabenerfüllung oberstes Gebot. Wer mit der Erfüllung welcher Aufgaben betraut ist, ist klar geregelt. Art 4 Abs 1 EUV besagt, dass die EU nur in jenen Bereichen die Kompetenz besitzt, in denen ihr von den MS in den Verträgen die Zuständigkeit hierzu übertragen wurde. Die Abgrenzung der Zuständigkeit folgt gemäß (gem) Art 5 Abs 1 EUV dem Grundsatz der „begrenzten Einzelermächtigung". Die Ausübung der Kompetenzen richtet sich nach dem Prinzip von „Subsidiarität" und „Verhältnismäßigkeit". Nach Prüfung der Insuffizienz und des Mehrwertes wird die EU daher nur dann in Bereichen, die nicht in ihre ausschließliche Zuständigkeit fallen, gesetzgeberisch tätig, sofern die zu erreichenden Ziele durch die MS nicht ausreichend verwirklicht werden können. In der Umsetzung ist zusätzlich das Prinzip der Proportionalität zu berücksichtigen. Demnach dürfen die von der EU gesetzten Maßnahmen inhaltlich wie formal nicht über das zur Erreichung der Ziele erforderliche Maß hinausgehen.[21]

---

[20] Vgl *Borchardt*, ABC des EU-Rechts (2018) 143.
[21] Vgl *Fischer/Köck*, Einführung Europarecht 29 f.

Im Art 2 EUV werden die Grundwerte der EU[22] und im Art 3 EUV die Ziele definiert. Dazu zählen beispielsweise Friede und Sicherheit oder die Bekämpfung von Kriminalität, welche durch einen gemeinsamen Binnenmarkt, durch wirtschaftlichen, sozialen und territorialen Zusammenhalt unter Beibehaltung der sprachlichen und kulturellen Vielfalt erreicht werden sollte.[23] Um dies umzusetzen, ist, wie bereits erwähnt, die Übertragung von nationalen, souveränen Kompetenzen an die EU immanent und stellt ein Charakteristikum der Supranationalität dar. Der AEUV weist in den Art 3 – 6 der EU ausschließliche, geteilte und unterstützende Bereiche zu. Diese behandeln die Thematiken:

Ausschließliche Kompetenzbereich e	**Geteilte Kompetenzbereich e**	**Unterstützungs- und Koordinierungsbereich e**
Zollunion	Binnenmarkt	Industrie
Wettbewerb	Sozialpolitik	Kultur
Währungspolitik im Euroraum	Umwelt	Fremdenverkehr
Fischereipolitik	Verbraucherschutz	Bildung, Jugend, Sport
Handelspolitik	Verkehr	Katastrophenschutz
	Energie	Verwaltungszusammen-arbeit
	Öffentliche Gesundheit	

Abbildung 2: Kompetenzbereiche der EU (Eigendarstellung)

[22] Anm: Zu den Grundwerten der EU, auf die sie sich gründet und die in all ihren Handlungen verfolgt werden sollten, gehören: Achtung der Menschenwürde, Freiheit, Demokratie, Gleichheit, Rechtsstaatlichkeit und die Wahrung der Menschenwürde einschließlich der Rechte der Personen, die Minderheiten angehören.

[23] Anm: Das Vorhaben, die Grundwerte und Ziele der EU im Rahmen einer Europäischen Verfassung zu verankern, konnte aufgrund der Nichtratifizierung durch Frankreich und die Niederlande nicht verwirklicht werden.

Diese Kompetenzen werden in Form von Rechtsakten umgesetzt. Dabei gilt es stets die gelindeste Form zu wählen, die eine Umsetzung ermöglicht, aber nicht zu stark in nationales Recht eingreift. An dieser Stelle werden – als wohl die bekanntesten und effektivsten Formen – nur die *Verordnung* (VO) und die *Richtlinie* (RL) erwähnt, die im Art 288 AEUV verankert sind. Die VO ist generell-abstrakt, weist eine allgemeine Geltung gegenüber den MS bzw den Bürgern auf, bedarf keiner innerstaatlichen Durchführungsakte und wirkt somit unmittelbar. Im Europarecht kommt die VO als Rechtsetzungsinstrument aufgrund ihrer unmittelbaren Rechtswirkung jedoch seltener zur Anwendung.[24]

Häufiger fällt die Wahl auf die RL. Sie richtet sich ausschließlich an die MS und entfaltet keine unmittelbare Wirkung beim Bürger oder verpflichtet diese. Die RL gibt den MS Ziel und Zweck vor. Wie die Umsetzung auf nationaler Ebene erfolgt – sei es durch Gesetze, Erlässe, Verordnungen, Erlässe etc. – bleibt den MS überlassen. Hierfür wird zumeist eine Frist von 18 bis 24 Monaten eingeräumt.

Durch VO und RL wird somit der Anspruch der Bedeutung des Europarechts gegenüber den jeweiligen nationalen Rechtsordnungen unterstrichen.

[24] Vgl *Krimphove*, Europarecht [2] (2014) 22.

2.2 Der Vorrang und die unmittelbare Wirkung des europäischen Rechts

Es wurde bereits dargelegt, dass die zu Beginn der *Europäischen Gemeinschaft* (EG) geltende Zweirechtskreistheorie – nach ihr würden Europarecht und nationales Recht in keinem Verhältnis zueinanderstehen – nicht geeignet war und sich in der Rechtslehre nicht durchsetzte. Die Beziehung zwischen den Rechtssystemen wurde in keinem Vertrag der *Europäischen Wirtschaftsgemeinschaft* (EWG) noch der EG thematisiert. Der EuGH etablierte mit einer Entscheidung im Jahr 1964 den Grundsatz des „Vorranges des Europarechts". Ausschlaggebend war der Fall Costa/Enel,[25] dem folgende Erkenntnisse folgten:[26]

- Das Gemeinschaftsrecht gilt als besonderes Völkerrecht und stellt eine eigene Rechtsordnung dar.
- Das Gemeinschaftsrecht gilt als integraler Teil der nationalen Rechtsordnungen.
- Es besteht die Notwendigkeit der Einheitlichkeit des Gemeinschaftsrechts.
- Es besteht die Notwendigkeit der Wirksamkeit des Gemeinschaftsrechts („effet- utile").

Die Begründung des EuGH wird aufgrund der Wichtigkeit der Entscheidung, sowohl für das Rechtssystem der EU im Gesamten, als

[25] Vgl EuGH C-6/64, *Costa /E.N.E.L*, ECLI:EU:C:1964:66.
[26] Vgl *Tobler/Beglinger*, Wesen des EU-Rechts, Tafel 6.5., http://www.eur-charts.eu/wp-content/uploads/2017/10/D-EuCh-06-Wesen_V19_R.1.0.2.pdf (Stand: 08.07.2019).

auch für die gegenständliche Arbeit im Speziellen, auszugsweise dargelegt:

„Diese Aufnahme der Bestimmungen des Gemeinschaftsrechts in das Recht der einzelnen Mitgliedstaaten und allgemeiner Wortlaut und Geist des Vertrages haben zur Folge, dass es den Staaten unmöglich ist, gegen eine von ihnen auf der Grundlage der Gegenseitigkeit angenommene Rechtsordnung nachträglich einseitige Maßnahmen ins Feld zu führen. Solche Maßnahmen stehen der Anwendbarkeit der Gemeinschaftsrechtsordnung daher nicht entgegen. Denn es würde eine Gefahr für die Verwirklichung der in Art. 5 EWG-Vertrag [Anm: heute Art 4 Abs 3 EUV] *angeführten Ziele des Vertrages bedeuten und dem Verbot des Art. 7 EWG-Vertrags* [Anm: heute Art 18 AEUV] *widersprechende Diskriminierungen zur Folge haben, wenn das Gemeinschaftsrecht je nach der nachträglichen innerstaatlichen Gesetzgebung von einem Staat zum anderen verschiedene Geltung haben könnte“.*[27]

Der EuGH weist in seinem Erkenntnis vor allem auf den Wortlaut und den Geist des Vertrages, sowie auf den Loyalitätsgrundsatz im Art 4 Abs 3 EUV als auch auf das Diskriminierungsverbot [Anm: heute Art 18 AEUV] hin und bestätigt den Vorrang durch den heutigen Art 288 AEUV:

„Der Vorrang des Gemeinschaftsrechts wird auch durch Artikel 189 EWG-Vertrag bestätigt; ihm zufolge ist die Verordnung „verbindlich“ und „gilt unmittelbar in jedem Mitgliedsstaat“. Diese Bestimmung, die durch nichts eingeschränkt wird, wäre ohne Bedeutung, wenn die Mitgliedstaaten sie

[27] EuGH C-6/64, *Costa /E.N.E.L*, ECLI:EU:C:1964:66, 1269 f.

durch Gesetzgebungsakte, die den gemeinschaftlichen Normen vorgingen, einseitig ihrer Wirksamkeit berauben könnten".[28]

Der EuGH verdeutlicht das Vorrangprinzip des Unionsrechts gegenüber den nationalen Rechtsordnungen in seiner Zusammenfassung zum Fall Costa/Enel:

„Aus alledem folgt, dass dem vom Vertrag geschaffenen, somit aus einer autonomen Rechtsquelle fließenden Recht wegen dieser seiner Eigenständigkeit keine wie immer gearteten innerstaatlichen Rechtsvorschriften vorgehen können, wenn ihm nicht sein Charakter als Gemeinschaftsrecht aberkannt und wenn nicht die Rechtsgrundlage der Gemeinschaft selbst in Frage gestellt werden soll".[29]

Angeführt sei auch eine Stellungnahme des *Juristischen Dienstes* des *Europäischen Rates* aus dem Jahr 2007, welche die „Primacy of EC law" bestätigt:[30]

„It results from the case-law of the Court of Justice that primacy of EC law is a cornerstone principle of Community law. According to the Court, this principle is inherent to the specific nature of the European Community. At the time of the first judgement of this established case-law (Costa/ENEL, 15 July 1964, Case 6/64[1]) there was no mention of primacy in the treaty. It is still the case today. The fact that the principle of primacy will not be included in the future treaty shall not in any way change the existence of the principle and the existing case-law of the Court of Justice."

---

[28] EuGH C-6/64, *Costa /E.N.E.L*, ECLI:EU:C:1964:66, 1270.
[29] Ebd.
[30] European Council, 11197/07, JUR 260, 22.06.2007, https://www.statewatch.org/news/2007/jun/eu-constitution-treaty-legal-service.pdf (Stand: 10.07.2019).

Daraus ableitend gilt, dass

- der EuGH nationale Gesetze der Kontrolle unterziehen darf.
- die MS nicht nachträglich Gesetze schaffen dürfen, die dem Europarecht widersprechen. Dies basiert vor allem auf dem bekannten Entscheid im Fall Simmenthal.[31]
- eine nationale europarechtswidrige Norm nichtig ist und diese nicht aufgehoben noch ersetzt werden muss. Sie ist nicht anwendbar und niemand kann sich darauf berufen.

Der Vorrang des Europarechts wirkt sich auf alle nationalen Gewalten aus. Er gilt nicht nur für die Exekutive und die Legislative, sondern auch für die sonst weisungsfreie und ungebundene Judikative. Jeder Abgeordnete, jeder Verwaltungsbeamte und jeder Richter haben europäisches Recht anzuwenden.[32] Dies gilt natürlich auch für Soldaten und Beamte des Österreichischen Bundesheeres, die in der Hoheitsverwaltung tätig sind.

Die direkte oder unmittelbare Anwendbarkeit muss von der Wirkung einer Rechtsnorm getrennt betrachtet werden. Bezieht sich die Wirkung auf die Tatsache, dass Einzelpersonen aus einer von der EU gesetzten Rechtsnorm ohne weitere nationale Umsetzungsmaßnahme Rechte oder Pflichten ableiten können, so setzt sich die Anwendbarkeit mit dem Aspekt, ob für die Gültigkeit der Rechtsnorm zusätzliche Maßnahmen notwendig sind, auseinander. Eine VO nach Art 288 AEUV ist ex lege

---

[31] Vgl EuGH C-106/77, Staatliche Finanzverwaltung / S.p.A. Simmenthal, ECLI:EU:C:1978:49.
[32] Vgl *Krimphove*, Europarecht 10.

unmittelbar anzuwenden und kann daher für Einzelne eine direkte Wirkung erzielen.

Im Laufe der Jahre hat der EuGH in seinen Entscheidungen gravierend in die nationale Rechtsprechung der MS eingegriffen bzw diese beeinflusst. Plakativ seien einige bedeutende „Urteile" erwähnt. [33]

Rechtssache	Inhalt	Erkenntnis	Entscheid
Costa/Enel	Stromrechnung	Überprüfbarkeit des nat. Rechts durch EuGH und Vorrang des EU-Rechts	EuGH 15.7.64, 6/64[34]
Simmenthal	Rindfleisch-kontrolle	Vorrang des EU-Rechts sowohl vor früherem wie späterem nat. Recht	EuGH 9.3.1978, 106/77
Bier-Reinheitsgebot	Bier-Reinheitsgebot	Ein strengeres nat. Recht gilt, wenn es nicht weitere Ziele des AEUV beeinträchtigt	EuGH 12.3.1987, 178/84
Fractofarm I	Englisches Fischereigesetz	Eingriff in die britische Prozessordnung; Der Ausschluss von Eilverfahren ist europarechts-widrig.	EuGH 19.6.1990, C-213/89
Van Gend en Loos	Einfuhrzölle	EuGH spricht einer nichtstaatlich privaten Person die unmittelbare	EuGH 5.2.1963, 26/62

[33] Ebd 8 ff.

[34] Anm: Die Nummer des ECLI der in dieser Tabelle angeführten Entscheide sind im Anhang angeführt.

		Wirkung des EU-Rechts zu	
Lütticke	Umsatz-ausgleichsteuer	EuGH legt eine Unterlassenspflicht des Staates zugunsten eines Bürgers fest	EuGH 1.3.1966, 48/65
Leonesio	Schlachtprämie	EuGH statuiert, dass auch das Sekundärrecht direkte Auswirkungen auf den EU-Bürger hat	EuGH 17.5.1972, 93/71
Ratti	Kennzeichnung von gefährlichen Stoffen	EuGH greift in nationales Strafrecht ein; eine Haftstrafe wurde als unrechtens angesehen	EuGH 5.4.1979, 148/78
Kreil	Gleichbehandlung von Frauen in der Bundeswehr	EuGH greift mit seiner Entscheidung ins deutsche Verfassungsrecht ein	EuGH 11.1.2000, C-285/98

Abbildung 3: Übersicht über bedeutende EuGH Entscheidungen

Besonders hervorzuheben ist die Rechtsache „Kreil". Zum einen greift der EuGH mit seinem Entscheid in nationales Verfassungsrecht ein und stellt somit das Europarecht eindeutig an die Spitze der Rechtsordnung. Zum anderen ist diese Entscheidung im Zuge dieser Arbeit erwähnenswert, da sich der EuGH-Entscheid auf das europäische Gleichbehandlungsrecht[35]

[35] Vgl Art 2 RL 76/207/EWG; (Anm: ersetzt durch: RL 2006/54/EG des Europäischen Parlaments und des Rates vom 5. Juli 2006 zur Verwirklichung des Grundsatzes der Chancengleichheit und Gleichbehandlung von Männern und Frauen in Arbeits- und Beschäftigungsfragen, ABl L 204/24).

beruft, was er – wie sich später zeigt – auch im Zuge der Karfreitagsregelung tun wird.

Aus den oben angeführten Beispielen ist erkennbar, dass sowohl das primäre Europarecht (EUV, AEUV, EU-Grundrechtscharta) als auch das sekundäre Europarecht mit seinen Verordnungen, Richtlinien und Beschlüssen Vorrang gegenüber der nationalen Gesetzgebung hat. Das klassische Völkerrecht bezieht sich stets auf Staaten. Das Wirksamwerden völkerrechtlicher Normen bedarf einer Inkorporation bzw Transformation in die jeweilige staatliche Rechtsordnung.[36] Bei Gleichrangigkeit der völkerrechtlichen Bestimmungen gegenüber den nationalen, gilt der Grundsatz der Derogation - „lex posterior derogat legi priori".

Unionsrecht ist und wird nicht Bestandteil der nationalen Rechtsordnungen, weshalb dieser Grundsatz hierauf nicht umzulegen ist. Als supranationales Recht entfaltete es seine Wirkung auf die MS und bis zu den natürlichen und juristischen Personen. Die unmittelbare Anwendbarkeit der Vorschriften des Unionsrechts sichert die Existenz der EU-Rechtsordnung ab. Kein MS ist bemächtigt die Eigenart des Europarechts anzutasten. Es gilt in der gesamten EU einheitlich und vollständig. Daher geht Unionsrecht, welches den Befugnissen der Verträge entsprechend gesetzt wurde, jedem entgegenstehenden Recht der MS vor. Es ist nicht nur stärker als das frühere nationale Recht, sondern entfaltet eine Sperrwirkung auch gegenüber später gesetztem Recht.[37] Ein dem Unionsrecht widersprechendes nationales Recht wird unanwendbar.

---

[36] Vgl *Fischer/Köck*, Einführung in das Recht der internationalen Staatengemeinschaft, (2019) 10 f.
[37] Vgl *Borchard*, EU-Recht 149.

Die unmittelbare Wirkung des EU-Rechts ergibt sich aus der jeweiligen Art des Unionsaktes. Vertragsbestimmungen, sofern sie den MS keinen gesetzgeberischen Spielrahmen hinterlassen, sowie VO sind, wie bereits erwähnt, per se unmittelbar anwendbar. Eine RL muss, um ihre Wirkung zu entfalten, zuerst in staatliches nationales Recht umgesetzt werden. Wird eine RL jedoch bewusst oder unbewusst nicht in der vorgesehenen Zeit durch einen MS in nationales Recht umgesetzt, kann dies entweder ein Vertragsverletzungsverfahren nach Art 258 AEUV zur Folge haben, oder es kann ein „Direktwirkung" entstehen. Dies bedeutet, dass sich Einzelpersonen direkt auf eine RL beziehen können – dieses Recht steht im Normalfall nur Staaten zu – wenn die RL eine individuelle begünstigende Rechtsnorm für den Einzelnen enthält und diese Rechtsnorm klar und bestimmt zum Ausdruck gebracht wird (*„self executing*"). Stets zu prüfen ist die Individualität der RL. Sie hat auf den Einzelnen und nicht auf die Allgemeinheit ausgelegt bzw definiert zu sein. Zielt der Verbraucherschutz auf die Einzelperson ab, tun dies umweltschutzrechtliche Bestimmungen hingegen nicht. Im Wege eines Vorabentscheidungsverfahrens kann die Einzelperson ihre Rechte gegenüber dem säumigen Staat, der sich nicht auf sein Fehlverhalten der nicht rechtzeitigen Umsetzung ausreden kann, durchsetzen. Die vertikale Wirkung ist auf horizontaler Ebene – Bürger gegen Bürger – nicht umlegbar, da Einzelpersonen am staatlichen Umsetzungsprozess keine Mitwirkung haben.[38]

[38] Vgl *Fischer/Köck*, Europarecht 35.

Ist ein Bürger durch die Nichtumsetzung einer RL geschädigt, steht ihm – aus den Fällen „Dori" und „Francovich"[39] ableitend – gegenüber dem Staat unter folgenden Bedingungen ein Schadensersatzanspruch zu:[40]

1. Ein **MS** der EU hat
2. eine europäische **Richtlinie**
3. **pflichtwidrig**
4. in der hierfür **vorgeschriebenen Zeit**
5. **nicht** in sein nationales Recht **umgesetzt**.
6. Die RL beinhaltet eine **bestimmte** Norm,
7. die dem Bürger einen eigenen unmittelbaren **Anspruch** gewährt.
8. Dieser Anspruch ist **nicht** vom Eintritt weiterer **Bedingungen** abhängig („self executing").
9. Es muss dem Bürger ein **Schaden** entstanden sein.
10. Die Nichtumsetzung der RL ist für den Eintritt des Schadens und seiner Höhe **ursächlich**.

Der EuGH geht bei der Prüfung des Schadensersatzanspruches in zwei Schritten vor

- Verneinung der horizontalen Wirkung einer nicht umgesetzten RL zwischen den Bürgern
- Zuerkennung des Schadensersatzanspruches gegenüber dem Staat

[39] Vgl EuGH C-91/92, *Faccini Dori / Recreb*, ECLI:EU:C:1994/292 bzw EuGH C-6/90 u C-9/90, *Francovich / Italienische Republik*, ECLI:EU:C:1991:428.
[40] Vgl *Krimphove*, Europarecht 28 ff.

Beim Schadensersatzanspruch kommt es zu einer Änderung der Anspruchsqualität; von einem Leistungs- oder Unterlassensanspruch zu einem Schadensersatzanspruch.

Eine unmittelbare Wirkung ist sogar im Falle von Übereinkommen der EU mit Drittstaaten möglich. Dies gilt, wenn die betreffende Bestimmung, unter Berücksichtigung ihres Wortlautes und im Hinblick auf den Zweck des Übereinkommens, eine klare und eindeutige Verpflichtung enthält, deren Erfüllung und deren Wirkung nicht vom Erlass eines weiteren Rechtsaktes abhängig ist.[41]

Der *Vertrag über die Verfassung für Europa* (VVE) hätte den Vorrang ausdrücklich im Art I-6 VVE aufgenommen, jedoch ist diese Norm wieder aus dem Vertrag gestrichen worden. Stattdessen haben die MS eine Erklärung abgegeben, in der sie auf den Vorrang hinwiesen. Beigefügt wurde ein Gutachten des *Juristischen Dienstes*: *„Nach der Rechtsprechung des Gerichtshofs ist der Vorrang des EG-Rechts einer der Grundpfeiler des Gemeinschaftsrechts. Dem Gerichtshof zufolge ergibt sich der Grundsatz aus der Besonderheit der Europäischen Gemeinschaft. Zum Zeitpunkt des ersten Urteils im Rahmen dieser ständigen Rechtsprechung (Rechtssache 6/64, Costa gegen ENEL, 15. Juli 1964) war dieser Vorrang im Vertrag nicht erwähnt. Dies ist auch heute noch der Fall. Die Tatsache, dass der Grundsatz dieses Vorrangs nicht in den künftigen Vertrag aufgenommen wird, ändert nichts an deren Existenz und an der bestehenden Rechtsprechung des Gerichtshofs.“*[42]

Die unmittelbare Anwendbarkeit und das Vorrangprinzip – beides nicht direkt aus dem Primärrecht der Verträge ableitbar, sondern durch den

---

[41] Vgl *Tobler/Beglinger*, Wesen des EU-Rechts, Tafel 6.5., http://www.eur-charts.eu/wp-content/uploads/2017/10/D-EuCh-06-Wesen_V19_R.1.0.2.pdf (Stand: 08.07.2019).
[42] Vgl *Hofmann*, Europarecht I, Frankfurt, 2012, 5. http://www.jura.uni-frankfurt.de/43679963/Generic_43679963.pdf (Stand: 09.07.2019).

EuGH im Zuge von Verfahren entschieden – sind jene beiden Grundsätze, die die Existenz und die Aufrechterhaltung des EU-Rechts sichern.

2.3 Der Gerichtshof der Europäischen Union

Sehr wohl in Verträgen abgebildet ist die Institution des *Gerichtshofs der Europäischen Union*. Der Vertrag von Lissabon definiert im Art 19 EUV das gesamte Gerichtssystem der EU als „Gerichtshof der Europäischen Union". Auch andere internationale Organisationen verfügen teilweise über (Schieds-)Gerichte, beispielsweise *The International Court of Justice* (ICJ), jedoch weisen diese im Endeffekt keine Durchsetzungskompetenz auf – da am gewählten Beispiel festhaltend – nicht alle Mitglieder der *Vereinten Nationen* (VN) das Gericht anerkennen. Auffallend ist, dass sich speziell die „global players", wie die Vereinigten Staaten, China, Brasilien oder Frankreich, nicht dem „Weltstrafgericht" unterwerfen. Russland zog 2016 seine Unterschrift vom *Römischen Statut* zurück, welches 1998 die Etablierung des ICJ begründete.[43]

Aufgrund der Eigenständigkeit und Supranationalität des Unionsrecht, ist der *Gerichtshof der Europäischen Union* (EuGH) als oberstes Rechtsprechungsorgan befähigt, Unionsrecht bei den MS durchzusetzen. Gem Art 19 EUV sichert er die Wahrung des Rechts bei der Auslegung und Anwendung der Verträge. Urteile betreffen somit die unmittelbare Wirkung des EU-Rechts in den MS.[44] Hierzu sind folgende Verfahren bzw Klagen vorgesehen:[45]

- Vertragsverletzungsklage – Art 258 AEUV – zur Auslegung des Rechts

---

[43] Vgl Spiegel online, Russland wendet sich vom Strafgericht ab, https://www.spiegel.de/politik/ausland/russland-wendet-sich-vom-internationalen-strafgerichtshof-ab-a-1121601.html (Stand: 12.07.2019).

[44] Vgl *Hauser,* EU – quo vadis? Entscheidungsprozesse, Ideen, Legenden & Mythen von A bis Y (2019) 21.

[45] Vgl Gerichtshof der Europäischen Union (EuGH), https://europa.eu/european-union/about-eu/institutions-bodies/court-justice_de (Stand: 15.07.2019).

- Nichtigkeitsklage – Art 263 AEUV – zur Annullierung von EU-Rechtsakten
- Untätigkeitsklage – Art 265 AEUV – zur Gewährleistung des Eingreifens der EU
- Schadensersatzklage – Art 268 AEUV – Strafmaßnahmen gegen EU-Institutionen
- Dienstrechtsklage – Art 270 AEUV – Streitsachen zwischen der EU und ihren Bediensteten

Eine der Hauptaufgaben des EuGH ist es, unpräzise Formulierungen in den Verträgen zu bereinigen und Lücken in der Gesetzgebung zu schließen. Dadurch wird gemeinsam mit den Urteilen in Vorabentscheidungsverfahren das Unionsrecht ständig neu weiterentwickelt. Folglich wird der EuGH auch als „Motor der Integration" bezeichnet.[46]

So schafft der EuGH *„case-law"* – Fallrecht. Dabei ist die primäre Rechtsquelle nicht ein generelles Gesetz, sondern eine spezifische richterliche Entscheidung, fußend auf einem konkreten Fall. Es wird von Kasuistik gesprochen.

Erwähnenswert erscheint in diesem Zusammenhang der *European Case Law Identifier* (ECLI). Dabei handelt es sich um eine im Jahr 2011 eingeführte standardisierte Identifikationsmöglichkeit für Entscheidungen der europäischen und nationalen Gerichte. Er setzt sich aus fünf Bestandteilen zusammen, die die eindeutige Zuordnung eines Falls zu

[46] Vgl *Köck/Fischer*, Europarecht 67.

einem bestimmten Gericht ermöglichen.[47] So wurde beispielsweise das Vorabentscheidungsersuchen des OGH zum Thema Karfreitagsregelung an den EuGH mit dem Code „ECLI:AT:OGH0002:2017: 009OBA00075.16V.0324.000“ klassifiziert.[48]

Einen kurzen Einblick in die „Beanspruchung“ des EuGH sollen folgenden Zahlen aus einer Pressemittelung des Pressedienstes des EuGH bieten. Demnach lag im Jahr 2018 die Anzahl der neu eingegangenen Rechtssachen bei 849 Fällen, was einer Steigerung von 110 gegenüber 2017 bzw 15 % entspricht und damit eine neue Höchstzahl erreichte. Dies war insbesondere auf die Steigerung der Anzahl der Vorabentscheidungsverfahren zurückzuführen, die im Jahresvergleich von 533 auf 568 anstieg. Innerhalb von zehn Jahren hat sich dieser Wert verdoppelt. Vorabentscheidungsersuchen machen 70 % der beim Gerichtshof anhängigen Rechtssachen aus. Durch die erfolgreiche Effizienzsteigerung konnten 2018 insgesamt 760 Rechtssachen – 2017 waren es 699 – erledigt werden. Im Durchschnitt lag die Verfahrensdauer einer Vorabentscheidungssache bei 16 Monaten.[49] Österreich lag 2018 mit 35 eingebrachten Vorabentscheidungsersuchen im oberen Mittelfeld – Deutschland brachte 78, Slowenien zwei ein. Die häufigsten Verfahrensgegenstände waren mit 74 Fällen der Rubrik „geistiges und gewerbliches Eigentum“ zuzuordnen.[50]

---

[47] Vgl european justice, European Case Law Identifier, https://e-justice.europa.eu/content_european_case_law_identifier_ecli-175-de.do (Stand: 12.07.2019).
[48] Vgl Oberster Gerichtshof, Vorabentscheidungsersuchen an den Europäischen Gerichtshof, https://www.ogh.gv.at/entscheidungen/vorabentscheidungsersuchen-eugh/ (Stand: 12.07.2019).
[49] Vgl Gerichtshof der Europäischen Union, Pressemitteilung Nr. 39/19, Rechtsprechungsstatistik 2019, Luxemburg, 25.03.19, https://curia.europa.eu/jcms/upload/docs/application/pdf/2019-03/cp190039de.pdf (Stand: 12.07.2019).
[50] Vgl Gerichtshof der Europäischen Union, Jahresbericht 2018 (2019) 127 ff.

Mit dem *Vertrag von Lissabon* wurde der EuGH in seinen Kompetenzen – Ausweitung auf die Bereiche Freiheit, Sicherheit und Recht – wesentlich gestärkt, jedoch hat er gem Art 275 AEUV nach wie vor keine Zuständigkeit im Bereich der *Gemeinsamen Außen- und Sicherheitspolitik* (GASP). Auch Entscheidungen die die GASP betreffen, fallen nicht unter die Gemeinschaftsmethode,[51] sondern bedürfen gem Art 24 Abs 1 EUV der Einstimmigkeit.

Art 19 EUV regelt neben den Zuständigkeiten des EuGH auch dessen Organisation. Er setzt sich laut Abs 2 aus einem Richter pro MS zusammen, wobei die Richter derzeit von insgesamt elf Generalanwälten unterstützt werden, die die MS in einem Rotationsprinzip entsenden.[52] Als Richter und Generalanwälte können von den Regierungen der MS Persönlichkeiten für sechs Jahre entsandt werden, die die höchsten nationalen richterlichen Ämter bekleiden, oder Juristen mit anerkannter, hervorragender Fähigkeit. Richter und Generalanwälte können nach ihrer Funktionsperiode wiedergewählt werden, ebenso der gewählte Präsident nach drei Jahren (vgl Art 254 AEUV).

Mit jedem eingehenden Fall werden ein Richter und ein Generalanwalt betraut. In der Generalversammlung des EuGH wird entschieden, in welchem Format das Verfahren stattfindet. Je nach Anzahl der beteiligten Richter wird zwischen den Kammern (drei, fünf, sieben oder elf Richter), der Großen Kammer (15) oder dem Plenum unterschieden (vgl Art 251 AEUV). Wird in der schriftlichen Stellungnahme, welche ein Verfahren

---

[51] Anm: Die Gemeinschaftsmethode setzt sich aus den folgenden fünf Punkten zusammen: 1.) Die Europäische Kommission hat das Recht zur Gesetzesinitiative 2.) Der Rat der EU stimmt grundsätzlich darüber mit qualifizierter Mehrheit ab 3.) Das Europäische Parlament ist in die Gesetzgebung involviert 4.) Die MS setzen die Entscheidungen der EU um 5.) Der EuGH besitzt die Rechtsprechungskompetenz.

[52] Anm: Gem Art 252 AEUV sind grundsätzlich acht Generalanwälte vorgesehen. 2015 wurde die Anzahl auf elf erhöht. Deutschland, Frankreich, Italien, Polen, Spanien und Großbritannien stellen einen ständigen Generalanwalt und fallen somit nicht in das Rotationssystem. Österreich stellt derzeit keinen Generalanwalt.

einleitet, die Notwendigkeit zur offiziellen Stellungnahme des Generalanwalts entschieden, so hat dieser nach der mündlichen Verhandlung öffentlich und in völliger Unparteilichkeit und Unabhängigkeit einen neutralen Vorschlag für eine Entscheidung zu stellen. Eine Untersuchung zeigte, dass in 86 % der Fälle die Richter den Schlussanträgen der Generalanwälte zustimmten.[53] In einem besonderen und aktuellen Fall gingen die Richter jedoch nicht mit dem Schlussantrag einher. Dabei handelte es sich um die „deutsche PKW-Maut", die 2015 beschlossen und im Anschluss von Österreich beim EuGH beeinsprucht wurde. Die Richter hielten das Mautsystem für diskriminierend und mit dem Unionsrecht unvereinbar.[54] Im Vorabentscheidungsverfahren (EuGH, 25.07.2018, C-193/17, *Cresco Investigation GmbH*) zur Karfreitagsregelung folgten die Richter jedoch dem Schlussantrag.

---

[53] Vgl *Lijnden*, Wie folgsam ist der EuGH?, https://www.faz.net/aktuell/politik/inland/wie-folgsam-ist-der-eugh-15330065.html (Stand: 15.07.2019).

[54] Vgl EuGH C-591/17, Republik Österreich / Bundesrepublik Deutschland, ECLI:EU:C:2019:504.

Vgl *Woitas,* EuGH kippt deutsche PKW-Maut, https://diepresse.com/home/ausland/eu/5646000/EuGH-kippt-deutsche-PkwMaut (Stand: 15.07.2019).

2.4 Das Vorabentscheidungsverfahren

Vorabentscheidungsverfahren beim EuGH verfolgen den Sinn, dass Unionsrecht europaweit einheitlich ausgelegt und angewendet wird. Es kommt zur Anwendung, wenn grundlegende Fragen nicht oder nicht ausreichend in den Verträgen geregelt sind. Gem Art 267 Abs 1 AEUV entscheidet der Gerichtshof über

- die Auslegung der Verträge sowie
- die Gültigkeit und Auslegung der Handlungen der Organe, Einrichtungen oder sonstiger Stellen der EU.

Tritt im Zuge eines Verfahrens auf nationaler Ebene eine diesbezügliche Frage bzw Unklarheit auf, so ist jedes Gericht nach Art 267 Abs 2 AEUV ermächtigt eine Vorabentscheidung des EuGH zu erbitten. Tritt diese Fragestellung bei Höchstgerichten auf, und ist somit ein weiteres Rechtmittel nicht mehr zulässig, so muss laut Abs 3 des angeführten Artikels ein Vorabentscheidungsverfahren eingeleitet werden. Zudem steht jedem Unionsbürger die Möglichkeit frei, die ihn persönlich betreffenden Bestimmungen des Unionsrechts abklären zu lassen.

Ist die Anwendung des Unionsrechts jedoch klar, handelt es sich also um einen

„Acte Clair“, so ist eine Vorlage nicht erforderlich. Außerdem kann sich ein Höchstgericht seiner Verpflichtung zur Vorlage entschlagen, wenn:[55]

- die gestellte Frage nicht entscheidungserheblich ist,

[55] Vgl EuGH C-283/81, *CILFIT / Ministero della Sanità,* ECLI:EU:C:1982 :335.

- die betreffende unionsrechtliche Bestimmung bereits Gegenstand einer Auslegung durch den Gerichtshof war, oder
- die richtige Anwendung derart offenkundig ist, dass kein Zweifel bleibt.

Seit dem EU Beitritt strengte Österreich insgesamt 556 Vorabentscheidungsverfahren in Luxemburg an. Diese teilen sich wie folgt auf:[56]

- Verfassungsgerichtshof: 5
- Oberster Gerichtshof: 130
- Verwaltungsgerichtshof: 108
- Andere Gerichte: 313

Andere Zahlen führt ein Erlass des *Bundesministeriums für Verfassung, Reformen, Deregulierung und Justiz* (BMVRDJ) an. Demzufolge haben Österreichs ordentliche Gerichte 260 Vorlagen mit Stichtag 1. Jänner 2019 an den EuGH übermittelt. Davon wurden 241 erledigt – 172 durch Urteil, 48 durch Zurückziehung, fünf durch Unzuständigkeitsentscheidung, acht durch Unzulässigkeitsentscheidung und acht durch Beschluss.[57]

Mit der „Übertragung" des Verfahrens an den EuGH sind neben dem Gegenstand des Ausgangsverfahrens, die entscheidenden Punkte der Parteien, eine Begründung für die Vorlage sowie die zitierte Rechtsprechung und entsprechende Bestimmungen anzugeben. Die Formulierung der Vorlagefrage hat bei Auslegungsfragen abstrakt und ausschließlich auf die Auslegung des entscheidungserheblichen

[56] Vgl EuGH, Jahresbericht 2018, (2019) 153.
[57] Vgl BMVRDJ-EU15116/0001-EU/2019, Erlass vom 8. Jänner 2019 über den Stand der von österreichischen ordentlichen Gerichten eingeleiteten Vorabentscheidungsverfahren mit Stichtag 1. Jänner 2019.

Unionsrechts bezogen zu sein. Fragen zur Gültigkeit eines EU-Rechtsaktes hingegen müssen konkret formuliert werden; beispielsweise:

- „Ist Art XY der Verordnung des Rates dahingehend auszulegen, dass ...?“
- „Ist Art XY der Verordnung des Rates rechtsgültig?“

Die Vorlage hat keine besonderen Formerfordernisse zu erfüllen. Nach Art 23 EuGH-Satzung sind jedoch der Vorlage- und der Aussetzungsbeschluss durch das mitgliedstaatliche Gericht an den EuGH zu übermitteln.[58]

Vorabentscheidungsverfahren werden öffentlich ausgetragen. Es handelt sich dabei um ein objektives prozessuales Zwischenverfahren, nicht um ein Streitverfahren. Bevollmächtigte vertreten den Staat und die Organe. Bis eine Entscheidung des EuGH gefallen ist, ruht das Verfahren beim jeweiligen nationalen Gericht; es ist ausgesetzt.[59] Die Antwort des Gerichtshofes erfolgt nicht in einem bloßen Gutachten, sondern durch ein Urteil oder einen mit Gründen versehenen Beschluss

- zur Auslegung des vorlegten Primärrechts (Art 267 Abs 1 lit a AEUV) oder der vorgelegten Unionsrechtshandlung (Art 267 Abs 1 lit b AEUV), um dem nationalen Gericht die Vereinbarkeitsprüfung der nationalen mit der unionsrechtlichen Bestimmung zu gewährleisten.

---

[58] Vgl *Pechstein*, Prüfungsschema zum Vorabentscheidungsverfahren nach Art 267 AEUV, https://www.rewi.europa-uni.de/de/lehrstuhl/or/europarecht/Materialien/Pruefungsschemata/Vorabentscheidungsverfahren.pdf (Stand: 12.08.2019).

[59] Vgl Bundesministerium für Verfassung, Reformen, Deregulierung und Justiz, Vorabentscheidungsverfahren, https://www.justiz.gv.at/web2013/home/buergerservice/die-justiz-von-a-bis-z/v/vorabentscheidungsverfahren.de.html (Stand: 12.08.2019).

- zur Gültigkeits- bzw Ungültigkeitserklärung und Feststellung der Vereinbarkeit bzw Unvereinbarkeit mit höherrangigem Unionsrecht.[60]

Das vorlegende nationale Gericht ist an die Entscheidung des EuGH gebunden. Auch andere nationale Gerichte haben sich bei zukünftigen gleichen Fragestellungen in gleicher Weise daran zu orientieren. Ein Vorabentscheidungsurteil entfaltet eine unterschiedliche Rechtskraftwirkung:[61]

- Auslegungsurteile entfalten für die mitgliedstaatlichen Gerichte eine eingeschränkte *„erga-omnes"* Rechtskraftwirkung. Sie sind verpflichtet, das Unionsrecht in der Auslegung des EuGH anzuwenden oder bei Zweifel an der Richtigkeit der Auslegung erneut vorzulegen. Künftige Vorlagen werden nicht verhindert, ein eigenmächtiges Abweichen von der Vorabentscheidung ist jedoch verboten.
- Ungültigkeitsurteile entfalten eine uneingeschränkte *„erga-omnes"* Rechtskraftwirkung. Eine erneute Vorlage ist ausgeschlossen. Nationale Gerichte können nur bei Gültigkeitsentscheidungen neue Zweifel zur Klärung vorlegen.
- Auch Verwaltungsorgane der MS sind durch Vorabentscheidungen gebunden. Diese Bindungswirkung umfasst die Pflicht, gegebenenfalls vor Tätigwerden des nationalen Gesetzgebers das nationale Recht unionsrechtskonform auszulegen bzw eine mit dem Unionsrecht unvereinbare Vorschrift unangewendet zu lassen.

---

[60] Vgl *Pechstein*, Prüfungsschema 2.
[61] Ebd 3.

- Im zeitlichen Kontext entfalten Vorabentscheidungsurteile grundsätzliche eine Rückwirkung („*ex tunc*"). Unter bestimmten Voraussetzungen kann der EuGH eine „*ex nunc-Wirkung*" verfügen.

Wie bereits angeführt dient das Vorabentscheidungsverfahren einerseits der Fortentwicklung des Unionsrechts, und stellt andererseits ein neues Verhältnis zwischen den Gerichtsstrukturen der EU und der MS dar. Gerichte sind grundsätzlich weisungsfrei und ungebunden. In diesem Fall jedoch, haben sich die nationalen Gerichte an die Vorgaben aus Luxemburg zu halten. Aufgrund dieser beiden besonderen Umstände wird das Verfahren oftmals als „Juwel in der Krone der EU-Gerichtsbarkeit" bezeichnet.[62]

2.5 Der Grundsatz der Gleichbehandlung und das Diskriminierungsverbot

„Anfangs ging es vor allem um gleichen Lohn für gleiche Arbeit, dann folgten der Schutz vor sexueller Belästigung und vor Diskriminierung wegen Religion oder Weltanschauung: Meilensteine und Grenzen von 40 Jahren Gleichbehandlungsgesetz Österreich."[63] – so lautete das Eingangsstatement eines Artikels der Tiroler Tageszeitung vom 16. Juni 2019. Die Grundgedanken zum Thema

---

[62] Vgl *Köck/Fischer*, Europarecht 80.
[63] *Paulmichl*, Diskriminierung macht vor niemandem Halt: 40 Jahre Gleichbehandlung, in: Tiroler Tageszeitung vom 16.06.2019., https://www.tt.com/panorama/gesellschaft/15747831/diskriminierung-macht-vor-niemandem-halt-40-jahre-gleichbehandlung (Stand: 12.08.2019).

Gleichbehandlungen reichen sogar noch weiter zurück. Bereits in der *Charta der Vereinten Nationen* aus dem Jahr 1945 ist das Gebot der Nichtdiskriminierung verankert. Die Achtung der Menschenrechte und Grundfreiheiten für alle, ohne Unterschied der Rasse, des Geschlechts, der Sprache und der Religion sollte gefördert und gefestigt werden. Aus Mangel an Rechtsverbindlichkeit und der Tatsache, dass es sich hierbei um einen völkerrechtlichen Vertrag handelt, der zwar für Staaten, nicht aber für Bürger (natürliche Personen) gültig ist, kam es in folgenden Jahren bzw Jahrzehnten auf internationaler Ebene zu verschiedenen Übereinkommen. Erwähnt werden beispielsweise:

- Allgemeine Erklärung der Menschenrechte,[64] speziell in den Art 1, 2, 7, 8, 23 aus dem Jahre 1948
- Internationale Übereinkunft zur Beseitigung jeder Form von Rassendiskriminierung im Jahr 1965[65]
- Internationaler Pakt über Bürgerliche und Politische Rechte (1966)[66]
- Übereinkommen über die Rechte von Menschen mit Behinderung (2006)[67]

Gleichbehandlung spielt in der EU eine entscheidende Rolle und ist daher unter anderem in den Verträgen enthalten. Die Gleichstellung von Frauen und Männern ist im Art 3 Abs 3 EUV manifestiert und wurde gem Art 19 AEUV um die Aufgabe der Bekämpfung der Diskriminierung aus anderen als geschlechtsbezogenen Gründen ergänzt. Gem Art 8 AEUV gilt, dass

---

[64] Vgl Vereinte Nationen, Resolution der Generalversammlung, Allgemeine Erklärung der Menschenrechte, A/RES/217 A(III) vom 10.12.1948.
[65] Vgl Internationale Übereinkunft zur Beseitigung jeder Form von Rassendiskriminierung BGBl 1972/377.
[66] Vgl Internationaler Pakt über Bürgerliche und Politische Rechte BGBl 1978/591.
[67] Vgl Übereinkommen über die Rechte von Menschen mit Behinderungen sowie das Fakultativprotokoll zum Übereinkommen über die Rechte von Menschen mit Behinderungen BGBl III 2008/155.

Gender Mainstreaming in allen Maßnahmen der Mitgliedsstaaten mit zu berücksichtigen ist. Diese im Vertrag von Lissabon festgelegten Prinzipien werden vor allem auch durch die Rechtsprechung des EuGH interpretiert und berücksichtigt. Ein spezieller Fokus im Kontext der Gleichbehandlung wird auf den Bereich der Arbeitswelt gelegt. Bereits 1957 wurde im Gründungsvertrag der Europäischen Gemeinschaft im Art 157 EG der Grundsatz des gleichen Entgelts für Männer und Frauen bei gleicher oder gleichwertiger Arbeit aufgenommen. Der *Gender-Pay-Gap* ist in Österreich und im europäischen Umfeld ein viel diskutiertes Thema, das bis heute nicht bereinigt werden konnte.[68]

Bevor auf die entsprechenden Richtlinien und Normen der EU im Zusammenhang mit dieser Arbeit und Thematik eingegangen wird, seien der Vollständigkeit halber noch die nationalen österreichischen Gleichbehandlungsbestimmungen erwähnt. In Österreich wurde 1979 das *Gesetz über die Gleichbehandlung von Frau und Mann bei der Festsetzung des Entgelts* verabschiedet. Das Gleichbehandlungsgesetz wurde mehrfach erweitert und umfasst heute die Bereiche von der Bewerbungsphase über die Berufsausbildung und Umschulung bis hin zur Beendigung des Arbeitsverhältnisses. 2004 wurde es in das *Bundesgesetz über die Gleichbehandlung*[69] übergeleitet. Aufgrund der Kompetenzverteilung zwischen Bund und Ländern kommt es häufig zu

---

[68] Anm: In Österreich ist die Lohnschere zwischen Männern und Frauen zwar kleiner geworden, liegt aber mit 19,9 % deutlich über dem europäischen Schnitt von 16,0 %. Der damit verbundene *Equal-Pay-Day* drückt aus, dass im Jahr 2019 – festlegt auf den 26. Februar – Frauen 57 Tage gleichsam unbezahlt arbeiten mussten, und erst ab diesem Tag die gleiche Entlohnung wie ihre männlichen Kollegen erhielten.
Vgl Wiener Zeitung, Gender Pay Gap über EU-Schnitt, https://www.wienerzeitung.at/nachrichten/wirtschaft/oesterreich/1020100_Gender-Pay-Gap-ueber-EU-Schnitt.html (Stand: 13.08.2019).
Vgl EPD, EPD 2019 in Österreich, https://www.equal-pay-day.at/at/epd2019/ (Stand: 13.08.2019).

[69] Vgl Bundesgesetz über die Gleichbehandlung (Gleichbehandlungsgesetz - GlBG) BGBl I 2004/66.

einer Zersplitterung der Materie, was zu unterschiedlichen Regelungen auf Bundes-, Landes- und teilweise Gemeindeebene führt. Neben den Bundesgesetzen gibt es acht Gleichbehandlungsgesetze und sieben Antidiskriminierungsgesetze.[70] Für Bundesbedienstete gilt das *Bundesgesetz über die Gleichbehandlung im Bereich des Bundes.*[71]

Ein Kernstück der Gleichstellungspolitik der EU stellt die *Richtlinie 2000/78/EG des Rates vom 27. November 2000 zur Festlegung eines allgemeinen Rahmens für die Verwirklichung der Gleichbehandlung in Beschäftigung und Beruf* dar.[72] Diese RL gilt für alle Personen im privaten und öffentlichen Bereich. Als zentraler Punkt ist die Verpflichtung der MS zur Schaffung eines allgemeinen Rahmens zur Bekämpfung der Diskriminierung aufgrund von Religion oder Weltanschauung, des Alters[73] oder einer Behinderung oder der sexuellen Ausrichtung in Beschäftigung und Beruf. Es darf zu keiner unmittelbaren bzw mittelbaren Diskriminierung kommen. Die RL war durch die MS in nationales Recht umzusetzen. Österreich hat die Vorgaben in das oben erwähnte Gleichbehandlungsgesetz 2004 einfließen lassen.

Der Geltungsbereich der Richtlinien wird im Art 3 Z 4 wie folgt eingegrenzt: *„Die Mitgliedsstaaten können vorsehen, dass diese Richtlinie hinsichtlich*

---

[70] Vgl Gleichbehandlungsanwaltschaft, https://www.gleichbehandlungsanwaltschaft.gv.at/gleichbehandlungsrecht-in-osterreich (Stand: 13.08.2019).

[71] Vgl Bundesgesetz über die Gleichbehandlung im Bereich des Bundes (Bundes-Gleichbehandlungsgesetz – B-GIBG) BGBl 1993/100.

[72] Vgl Gleichbehandlungsrahmenrichtlinie, ABl EG L 303.

[73] Anm: Die Sozialdemokratische Partei Österreichs fordert im August 2019 das Verbot der Altersdiskriminierung in der Verfassung zu verankern, und zusätzlich das Gleichbehandlungsgesetz auszuweiten, da Altersdiskriminierung derzeit nur in der Arbeitswelt verboten sei.
Vgl APA, SPÖ will Verbot von Altersdiskriminierung in Verfassung schreiben, https://diepresse.com/home/innenpolitik/5673433/SPOe-will-Verbot-von-Altersdiskriminierung-in-Verfassung-schreiben (Stand: 13.08.2019).

von Diskriminierungen wegen einer Behinderung und des Alters nicht für Streitkräfte gilt.“

Die „Karfreitagsdiskussion“ in Österreich fand in einem Vorabentscheidungsersuchen des OGH an den EuGH vom 24. April 2017 ihren Ursprung. Das Ersuchen berief sich in der Vorlagefrage auf die Grundrechtscharta sowie die erwähnte und entscheidende RL 2000/78/EG.[74] Ein Erkenntnis des Verfassungsgerichtshofs (VfGH) stellte die Grundrechtecharta mit den Verträgen gleichrangig dar und bezeichnet sie als Teil des Primärrechts. Es gelte eine unmittelbare Anwendbarkeit. Der VfGH weiter: *„Das Unionsrecht gebietet, dass Rechte, die von unmittelbar anwendbarem Unionsrecht garantiert werden, in einem Verfahren durchsetzbar sein müssen, das für vergleichbare Rechte besteht, die aus der Rechtsordnung der Mitgliedstaaten stammen. … Die Grundrechte-Charta verbürgt für den Bereich der Anwendung europäischen Rechts Rechte, wie sie die österreichische Verfassungsordnung in gleicher Weise als verfassungsgesetzlich gewährleistete Rechte garantiert. … Auf Grund der innerstaatlichen Rechtslage hat der Äquivalenzgrundsatz zur Folge, dass auch die von der Grundrechte-Charta garantierten Rechte vor dem Verfassungsgerichtshof als verfassungsgesetzlich gewährleistete Rechte ... geltend gemacht werden können.“*[75] Somit waren die durch die Grundrechtecharta gewährleisteten Rechte vom VfGH an den EuGH zu Klärung vorzulegen.

Der VfGH bezieht sich in seinen Vorlagefragen neben der *Charta der Grundrechte* weiters auf den Art 2 Abs 2 Z a der obzitierten Richtlinie: „[Es] *liegt eine unmittelbare Diskriminierung vor, wenn eine Person wegen eines der in Art 1 genannten Gründe in einer vergleichbaren Situation eine*

[74] Vgl OGH 9 ObA 75/16v, ECLI:AT:OGH0002:2017:009OBA00075.16V.0324.000.
[75] VfGH U466/11 ua, ECLI:AT:VFGH:2012:U466.2011.

weniger günstige Behandlung erfährt, als eine andere Person erfährt, erfahren hat oder erfahren würde." Er stellt unter Bezug auf den Art 5 der Richtlinie weiters die konkrete Frage, ob die nationale Regelung durch die Richtlinie nicht berührt wird, da diese zum Schutz der Rechte und Freiheiten anderer beiträgt. Außerdem ersucht der VfGH um Klärung ob es sich, wie im Art 7 der Gleichbehandlungsrichtlinie festgelegt, bei den nationalen Maßnahmen – arbeitsfreier Tag am Karfreitag für die Angehörigen der entsprechenden Religionsgruppen – um eine positive und spezifische Maßnahme zur völligen Gleichstellung im Berufsleben handelt. Auf die Entscheidung des EuGH und die Auswirkungen wird weiter unten eingegangen.

Nachstehend werden einige Beispiele bzw EuGH-Entscheidungen im Zusammenhang mit der Gleichstellungsrichtlinie angeführt:

- Eine der wohl bemerkenswertesten Entscheidungen wurde im Fall „Tanja Kreil" – sie bewarb sich um eine Stelle in der Deutschen Bundeswehr – getroffen. Der EuGH berief sich in seiner Vorabentscheidung[76] nicht nur auf die Gleichbehandlungsrichtlinie 76/207/EWG, sondern griff dadurch auch mittelbar in das *Deutsche Grundgesetz* ein. Der Art 12 a Abs 4 Satz 2 musste geändert werden: *„Frauen dürfen auf keinen Fall zum Dienst mit der Waffe verpflichtet werden."* Diese Maßnahme veranlasste den damaligen Ministerpräsidenten Edmund Stoiber zu der Aussage: *„Demnächst wird die Gleichstellungsrichtlinie erzwingen, dass der nächste Bundeskanzler eine Frau ist."*[77]

---

[76] Vgl EuGH C-285/98, *Kreil / Bundesrepublik Deutschland,* ECLI:EU:C:2000:2.
[77] *Jach*, Bundeswehr - Frauen im Gleichschritt, Focus Magazin 3/2000, https://www.focus.de/politik/deutschland/bundeswehr-frauen-im-gleichschritt_aid_182359.html (Stand: 14.08.2019).

- „Frauen dürfen nicht immer Vorrang haben“[78] – so schrieb *Der Standard* 2001. Den Entscheidungen des EuGH – in den Fällen EuGH C-450/93, *Kalanke*, C-409/95, Marschall oder C-407/98, *Abrahamson* – folgend, dürfen Frauen nicht per Gesetz automatisch männlichen Mitbewerbern gegenüber bevorteilt werden. Eine Härtefall- bzw eine Öffnungsklausel ist anzuwenden, sofern die in der Person eines männlichen Bewerbers liegende Gründe überwiegen.[79] Bewerbungen haben Gegenstand einer objektiven Bewertung zu sein, bei der die besondere persönliche Lage, unabhängig vom Geschlecht, zu berücksichtigen ist.
- Als aktuell stellen sich zwei weitere Urteile des EuGH vom 08. Mai 2019 dar. In den Entscheidungen zu C-396/17 und C-24/17 hält der EuGH fest, dass das österreichische Besoldungs- und Vorrückungssystem der Beamten und Vertragsbediensteten gegen das Verbot der Diskriminierung wegen des Alters gem europäischer Gleichbehandlungsrichtlinie verstößt. Die Berufserfahrung von Personen, die diese vor Vollendung des 18. Lebensjahres erworben haben und später in den Bundesdienst aufgenommen werden, wird derzeit nicht adäquat für ihr Einstufungsmerkmal berücksichtigt. Der EuGH sieht hier einen Nachbesserungsbedarf und bis dahin eine Ausgleichszahlung als fällig an.[80] [Anm: Im Verteidigungsressort wurde infolge dieses Urteils eine Erstinformation über die Änderung

[78] Vgl *Eberhard*, Frauen dürfen nicht immer Vorrang haben, Standard vom 23.03.2011, https://www.derstandard.at/story/516402/frauen-duerfen-nicht-immer-vorrang-haben- (Stand: 14.08.2019).
[79] Vgl Europa Universität Frankfurt, Der Fall Marschall, https://www.rewi.europa-uni.de/de/lehrstuhl/or/europarecht/deluxe/archiv/Marschall.pdf (Stand: 14.08.2019).
[80] Vgl beck aktuell, EuGH moniert erneut Altersdiskriminierung österreichischer Beamten, https://rsw.beck.de/aktuell/meldung/eugh-stellt-erneut-diskriminierung-von-beamten-wegen-des-alters-in-oesterreich-fest (Stand: 14.08.2019).

der 2. Dienstrechtsnovelle 2019 von der *Personalabteilung A* erstellt und an alle Dienststellen versandt. In einem weiteren Schreiben wurde die Rechtslage weiter determiniert und auf ein amtswegiges Verfahren zur Anrechnung der Vordienstzeiten hingewiesen. Damit sollte eine konforme Rechtslage hergestellt werden.][81]

Dieses Kapitel thematisch abschließend, sei neben der Gleichbehandlungsrichtlinie auch die Antidiskriminierungsrichtlinie erwähnt:

- Richtlinie 2000/43/EG des Rates vom 29. Juni 2000 zur Anwendung des Gleichbehandlungsgrundsatzes ohne Unterschied der Rasse oder der ethnischen Herkunft.

Mit dieser RL wurde ein Schutz vor unmittelbarer und mittelbarer Diskriminierung aufgrund anderer Merkmale in Beruf und Beschäftigung geschaffen. In diesem Bereich ist eine Beweislastumkehr zugunsten des Klägers gegeben, der eine Diskriminierung glaubhaft machen kann. Außerdem besteht das Verbot der Viktimisierung. Zur Durchsetzung des Rechts auf Gleichbehandlung und Gleichstellung sowie zum Schutz vor Diskriminierung besteht in Österreich die staatliche Einrichtung der *Gleichbehandlungsanwaltschaft*.[82]

Das deutsche Pendant, die *Antidiskriminierungsstelle des Bundes*, veröffentlichte im Juni 2019 eine Zusammenfassung ausgewählter EuGH-Entscheidungen zum Antidiskriminierungsrecht.[83] Darin enthalten sind

---

[81] Vgl BMLV, 2. Dienstrechtsnovelle 2019, Anrechnung von Vordienstzeiten, Information, 12.09.2019, GZ S91354/168-PersA/2019.
[82] Vgl Gleichbehandlungsanwaltschaft, www.gleichbehandlungsanwaltschaft.gv.at/home (Stand: 13.08.2019).
[83] Vgl Antidiskriminierungsstelle des Bundes, Zusammenfassung ausgewählter EuGH-Entscheidungen zum Antidiskriminierungsrecht ab dem Jahr 2000 (2019).

unter anderem Fälle bzw Urteile aus den Rubriken Alter, Behinderung, ethnische Herkunft, sexuelle Ausrichtung oder Geschlecht. Mit dieser Arbeit in Verbindung stehend, und daher erwähnenswert, ist die Kategorie „Religion/ Weltanschauung". Abgedruckt sind vier EuGH-Urteile der letzten zwei Jahre, wovon eines die „Karfreitagsthematik" betrifft. Alle beriefen sich auf die RL 2000/78/EG.

In zwei Verfahren, die der EuGH zu entscheiden hatte, waren Kündigungen, die infolge des Tragens eines Kopftuches am Arbeitsplatz verhängt wurden, Gegenstand des Verfahrens. Zum einen war es allen Angestellten untersagt, am Arbeitsplatz sichtbare Zeichen ihrer politischen, philosophischen oder religiösen Überzeugung zu tragen.[84] Zum anderen kam es infolge einer Kundenbeschwerde zur Kündigung einer Angestellten.[85] Gem Entscheidung des EuGH stellt eine betriebsinterne Bestimmung, die eine unterschiedslose Bekundung religiöser Einstellung untersagt, keine Ungleichbehandlung dar. Die gewünschte Neutralität des Arbeitgebers steht im Vordergrund. Dem gegenüberstehend kann ein Kundeninteresse, ohne gleichzeitiges Vorhandensein einer betriebsinternen Regelung kein Kündigungsgrund sein.

Jedoch ist eine Benachteiligung eines Arbeitnehmers wegen des Tragens religiöser Kleidungsstücke – bei nicht Vorhandensein gesamtheitlicher betriebsinterner Bestimmungen – nicht nur eine mittelbare, sondern eine unmittelbare Diskriminierung (§ 19 Abs 1 GlBG) aufgrund der Religion gegeben. Ein religiöses Kleidungsstück stellt per se kein neutrales Unterscheidungskriterium (§ 19 Abs 2 GlBG) dar.[86]

[84] Vgl EuGH C-157/17, *Samira Achbita / G4S Secure Solutions,* ECLI:EU:C:2017/203.
[85] Vgl EuGH C-188/15, *Asma Bougnaoui / Micropole SA,* ECLI:EU:C:2017 :204.
[86] Vgl OGH 9 ObA 117/15v, ECLI:AT:OGH0002:2016:009OBA00117.15V.0525.000.

Im Fall C-414/16, *Egenberger*, fällte der EuGH die Entscheidung, dass die Religionszugehörigkeit eines Arbeitnehmers, einer unabhängigen und gerichtlichen Überprüfung zu unterziehen sein muss.[87]

Einen religiösen Konnex weist auch das Urteil im Vorabentscheidungsverfahren
C-68/17, *IR*, auf. Demnach dürfen kirchliche Arbeitgeber ein loyales Verhalten ihrer Mitarbeiter zur Organisation fordern, sofern diese für alle gleich sind. Unterschiedliche Loyalitätsanforderungen müssen durch die Art der Tätigkeit verhältnismäßig sein.[88]

Auf die Ungleichbehandlung zur Arbeitsleistung am Karfreitag wird im nächsten Kapitel ohnehin dezidiert eingegangen.

2.6 Fazit

Dieses Kapitel sollte dazu dienen, den Leser auf die Thematik hinzuführen und mit dem für diese Arbeit grundlegenden Wissen vertraut zu machen. Dabei galt es vor allem – neben dem fundierten EU-Rechts-Experten – den Nichtfachmann mit dem Hintergrund zur Fragestellung vertraut zu machen und ergänzende Informationen zur Verdeutlichung und Veranschaulichung zu bieten.

Österreich ist als Staat und Völkerrechtssubjekt Mitglied der supranationalen Organisation der Europäischen Union. Österreichische Staatsbürger besitzen gem den Verträgen die Unionsbürgerschaft. Der

[87] Vgl EuGH C-414/16, *Egenberger / Evangelisches Werk*, ECLI:EU:C:2018/257.
[88] Vgl EuGH C-68/17, *IR / IQ*, ECLI:EU:C:2018/696.

EU steht das Pouvoir zu, für ihre Mitglieder Recht zu erlassen, welches in der Rechtsordnung noch vor bzw über den nationalen Verfassungen einzustufen ist. Daher ergibt sich aus der historischen Entwicklung heraus der Vorrang des EU-Rechts gegenüber der nationalen Gesetzgebung. Neben den in den Verträgen verankerten Bestimmungen obliegt es der EU Verordnungen zu erlassen, welche eine unmittelbare Auswirkung auf die Mitgliedsstaaten – in speziellen Fällen sogar auf den Unionsbürger – haben. Nationale Gesetze, die den europäischen Bestimmungen widersprechen, sind nicht anzuwenden. Das europäische Recht ist keine geschlossene Materie, sondern entwickelt sich weiter. Es ist stets neu zu beurteilen und auszulegen, um eine Harmonisierung innerhalb der Union zu erreichen. Hierzu kann der *Europäische Gerichtshof* im Zuge von Vorabentscheidungsverfahren, welche durch die nationalen Gerichte eingeleitet werden, neues Recht – *„case law"* – schaffen. Diese Vorgaben sind wiederum von allen Hierarchien, Organen und gegebenenfalls Einzelpersonen anzuwenden und umzusetzen. Dem Grundsatz der Gleichbehandlung und dem des Diskriminierungsverbotes kommen in der EU bedeutende Rollen zu. Dies manifestiert sich unter anderem in der Tatsache, dass beides in den Verträgen – dem EUV und dem AEUV – niedergeschrieben ist. Richtlinien in diesem Bereich gehen auf die aktuellen Herausforderungen ein, und der EuGH urteilt regelmäßig zu Diskriminierungen aufgrund von Alter, Behinderung, ethnischer Herkunft oder auch von Religion / Weltanschauung.

3 Die Karfreitagsregelung in Österreich

Nachdem das vorige Kapitel auf die Mechanismen der EU hingewiesen und deren Kompetenzen erläutert hat, wird in diesem Abschnitt die Karfreitagsreglung in Österreich behandelt. Zunächst wird das Thema gesamtstaatlich behandelt, bevor die Situation im Österreichischen Bundesheer beleuchtet wird.

3.1 Die Karfreitagsregelung im gesamtstaatlichen Kontext

Ziel dieses Teiles ist es, die gesetzlichen Bestimmungen rund um Arbeitsleistung am Karfreitag vor dem EuGH-Vorabentscheidungsverfahren (EuGH C-193/17, *Cresco Investigation GmbH)* darzustellen, das EuGH-Urteil zu beleuchten und in weiterer Folge auf die Auswirkungen hinzuweisen.

3.1.1 Die „ursprünglichen" gesetzlichen Regelungen

Wie in der Einleitung festgehalten, sind die Feiertage Österreichs im *Feiertagsruhegesetz 1957*[89] (FRG) niedergeschrieben. Als solche gelten gem

§ 1 Abs 1: Neujahr, Heilige Drei Könige, Ostermontag, Staatsfeiertag,

[89] Vgl Feiertagsruhegesetz 1957 BGBl 1957/153.

Christi Himmelfahrt, Pfingstmontag, Fronleichnam, Maria Himmelfahrt, Nationalfeiertag, Allerheiligen, Maria Empfängnis, Weihnachten und der Stephanstag. Die erwähnten Feiertage stehen – obwohl fast ausschließlich nur römisch-katholische Hintergründe vorliegen – allen Arbeitnehmern, unabhängig von der Religionszugehörigkeit und Weltanschauung, zu.

In erster Linie war bei der Festlegung der Arbeitsruhe die Erfüllung der religiösen Pflichten im Vordergrund. So wird im Art 13 des *Gesetzes über die interkonfessionellen Verhältnisse der Staatsbürger* (InKonfVerhG) bestimmt, dass an Sonntagen während des Gottesdienstes jede nicht dringend notwendige öffentliche Arbeit einzustellen ist. Bis in die heutige Zeit hat sich der Gehalt einzelner Feiertage hat von einem religiösen Anlass mit religiösen Verpflichtungen zu einem „pflichtfreien" Tag mit Erholungscharakter oder eigenem persönlich-synkritischem Wertgehalt gewandelt.[90]

Dennoch gilt an diesen Tagen nach wie vor die Feiertagsruhe. Ein grundsätzlicher Anspruch auf Arbeitsruhe an Feiertagen wurde erstmals im Jahr 1945 eingeführt; das *Sonntagruhegesetz 1895* hat eine solche an Feiertagen grundsätzlich nicht vorgesehen. Sehr wohl aber war geregelt, dass Arbeitnehmern bei zulässiger Beschäftigung die notwendige Zeit zum Besuch des Vormittagsgottesdienstes einzuräumen war. Bei jüdischen und muslimischen Arbeitnehmern beispielsweise wurden ein Besuch der Synagoge und das Freitagsgebet nicht berücksichtigt.[91]

---

[90] Vgl *Henhapel*, internes Positionspapier BKA, Feiertage in Österreich, Bundeskanzleramt (2019).
[91] Vgl *Windisch-Graetz*, Freistellung bei Entgeltfortzahlung aus religiösen Gründen, ZAS 2017/26, 147 (148).

Das *Arbeitsruhegesetz*[92] (ARG) definiert im § 2 Abs 1 lit 5 die Feiertagsruhe als *„eine ununterbrochene Ruhezeit von 24 Stunden, die frühestens um 0 Uhr und spätestens um 6 Uhr des gesetzlichen Feiertages beginnt."* Darüber hinaus bestehen in Kollektivverträgen Bestimmungen bezüglich von Feiertagen, welche entweder branchenweise oder religionsbezogen festlegt sein können. Zu den branchenweisen Feiertagen gehören der 24. und der 31. Dezember, zu den religionsbezogenen der Reformationstag am 31. Oktober. Weiters gibt es Landesfeiertage, wie etwa den „Josefitag" in der Steiermark oder den „Leopolditag" in Niederösterreich.[93] An den Landesfeiertagen ist an den Schulen im Allgemeinen unterrichtsfrei und Landesbehörden können geschlossen sein.

Speziell erwähnenswert ist der Generalkollektivvertrag über die Karfreitagsregelung aus dem Jahr 1952.[94] Dieser wurde zwischen der *Bundeskammer der gewerblichen Wirtschaft* und dem *Österreichischen Gewerkschaftsbund* (ÖGB) geschlossen. Als Geltungsbereich wurden alle Arbeitnehmer festgelegt, *„die ihre Zugehörigkeit zu einer in Österreich gesetzlich anerkannten Religionsgesellschaft nachweisen, bei der der Karfreitag als kirchlich gebotener Feiertag gefeiert wird.*" Dies entsprach den Angehörigen der Evangelischen Kirche A.B. und H.B. und der Methodistenkirche. Am 6. Juni 1953 wurde der Vertrag um die Gläubigen der Altkatholischen Kirchengemeinschaft und der *Israelitischen Glaubensgemeinschaft in Österreich* – letztgenannte für den Versöhnungstag – erweitert. Dementsprechend sah das ARG gem § 7 Abs

[92] Vgl Bundesgesetz vom 03.02.1983 über die wöchentliche Ruhezeit und die Arbeitsruhe an Feiertagen (Arbeitsruhegesetz - ARG) BGBl 1983/144.
[93] Vgl *Mayer*, Feiertage und Diskriminierung aufgrund der Religion im österreichischen Arbeitsrecht, ecolex 2004, 428.
[94] Vgl wko, Generalkollektivvertrag Karfreitagsregelung, https://www.wko.at/service/kollektivvertrag/general-kv-karfreitagsregelung-rahmen.html (Stand: 20.08.19).

3 Folgendes vor: *„Für Angehörige der Evangelischen Kirchen AB und HB, der Altkatholischen Kirche und der Evangelisch-Methodistischen Kirche ist auch der Karfreitag ein Feiertag."* Der Versöhnungstag (Yom Kippur) ist nicht im ARG aufgenommen.

An Feiertagen dürfen die bemessenen Entgeltzahlungen wegen des Arbeitsausfalles nicht gemindert werden. *„Der Dienstnehmer behält ferner den Anspruch auf das Entgelt, wenn er durch andere wichtige, seine Person betreffende Gründe ohne sein Verschulden während einer verhältnismäßig kurzen Zeit an der Dienstleistung verhindert wird."*, so § 1154b Abs 5 *Allgemeines bürgerliches Gesetzbuch*[95] (ABGB). Sonn- und Feiertage sind gesetzlich verankert und folglich nicht als „in der Person" gelegene Gründe zu qualifizieren. Der Karfreitag bzw der Versöhnungstag fallen grundsätzlich auf einen regulären Arbeitstag. Daher ist Arbeitnehmern, die eine Freistellung beantragten, jedoch zur Arbeitsleistung herangezogen werden, zusätzlich das auf die geleistete Arbeit entfallene Entgelt zu entrichten. Dies ist auch im ARG im § 9 Abs 5 geregelt: *„Der Arbeitnehmer, der während der Feiertagsruhe beschäftigt wird, hat außer dem Entgelt ... Anspruch auf das für die geleistete Arbeit gebührende Entgelt ..."*, was somit in Summe der doppelten Entlohnung entspricht. Da der Karfreitag nur für die vier angeführten Religionen ein Feiertag ist, steht den Angehörigen dieser Religionsgemeinschaft, sofern sie eine Arbeitsleistung an diesem Tag erbringen, zusätzlich zum normalen Entgelt ein Feiertagsentgelt zu.

In diesem Zusammenhang ist auf den Art 9 *Europäische Menschenrechtskonvention*[96] (EMRK) hinzuweisen. Darin wird eine Religionsausübungsfreiheit ermöglicht, welche unter anderem den

---

[95] Vgl Allgemeines bürgerliches Gesetzbuch für die gesamten deutschen Erbländer der Oesterreichischen Monarchie, JGS 1811/946.
[96] Vgl Konvention zum Schutze der Menschenrechte und Grundfreiheiten BGBl 1958/210.

Besuch von Gottesdiensten vorsieht. Die Möglichkeit der Religionsausübung ist als eine höherrangige Verpflichtung in Kollision mit diversen Bestimmungen aus einem Arbeitsvertrag anzusehen.[97] Dies spiegelt sich im § 8 ARG wider, wonach dem Arbeitnehmer auf sein Verlangen bei einer Beschäftigung während der Wochenend- oder Feiertagsruhe die notwendige Freizeit zur Erfüllung seiner religiösen Pflichten einzuräumen ist. Eine analoge Anwendung für Angehörige von Glaubensgemeinschaften, die ihre Ruhe- bzw Feiertage an anderen als im ARG festgelegten Tagen begehen, kommt jedoch nicht in Frage.[98]

In Bezug auf die „ursprünglichen" gesetzlichen Regelungen – also jene vor dem EuGH-Urteil zum Vorabentscheidungsverfahren im Jänner 2019 – ist weiters die bereits erwähnte Gleichbehandlungsrichtlinie RL 2000/78/EG anzuführen. Dieser RL folgend, darf es zu keinen unmittelbaren oder mittelbaren Diskriminierungen wegen einer bestimmten Religion in Beschäftigung und Beruf kommen. Wird eine Diskriminierung festgestellt, so ist diese gesetzliche Bestimmung gem EU-Recht nicht mehr anzuwenden. Die Mitglieder der benachteiligten Gruppe haben Anspruch auf die Regelungen der bisher nicht diskriminierten Gruppe. *„Dies bedeutet, dass all jene Arbeitnehmer, welche nicht Angehörige der Evangelischen Kirchen sind, der [sic] Anspruch auf den Karfreitag als Feiertag gem § 7 Abs 3 ARG haben."* [Anm: Diese Feststellung wurde bereits 2004, also 15 Jahre vor dem EuGH-Entscheid getroffen.] *„Solange diese Ungleichbehandlung nicht aufgehoben ist, besteht ein Anspruch der benachteiligten Gruppen auf Gleichbehandlung bzw Gewährung dieser Feiertage."*[99]

---

[97] Vgl OGH 25.04.1996, 8 ObA 2058/96x, Arb 11.521.
[98] Vgl *Windisch-Graetz*, ZAS 2017/26, 148.
[99] *Mayer,* ecolex 2004, 428.
Anm: Mayer führt in seinen Ausführungen an, dass die „Fälle religionsbezogener Feiertage in § 7 Abs 2 Beispiele unmittelbarer, nicht rechtfertigungsfähiger Diskriminierung darstellen."

Die Feiertage, wie sie im FRG und im ARG geregelt sind, werden jedoch aufgrund ihrer Gültigkeit für alle Arbeitnehmer weder aus verfassungsrechtlicher Perspektive noch aus Sicht der EMRK als unbedenklich gesehen.[100] Auch bestätigt der OGH, dass der Wunsch eines Arbeitnehmers, an religiösen Feierlichkeiten teilzunehmen, mögen diese einmalig oder wiederkehrend sein, keinen absoluten Freistellungsgrund darstellen, sondern einer Abwägung zwischen den religiösen Interessen des Arbeitsnehmers und den betrieblichen Interessen des Arbeitgebers bedürfen.[101]

In vielerlei Hinsicht, va im Zusammenhang mit religiösen Verpflichtungen interessant ist die Tatsache, dass der Arbeitnehmer mit seinem Arbeitsverhältnis freiwillig eine Leistungsverpflichtung gegenüber dem Arbeitgeber eingeht und dadurch persönliche Einschränkungen verbunden sind. Freistellungen aufgrund einmaliger (religiöser) Ereignisse, wie beispielsweise Hochzeiten oder Begräbnisse erscheinen grundsätzlich weniger problematisch als periodisch wiederkehrende, wie zu Gebetszeiten.[102]

Aus Sicht des Autors dieser Arbeit ist hier anzumerken, dass es sich entweder um einen Druckfehler handelt und in realitatem § 7 Abs 3 ARG (Karfreitag) gemeint war. Sollte sich Mayer tatsächlich auf die obzitierte Passage beziehen, würde dies seine oa Feststellung (Anspruch auf den Karfreitag als Feiertag für alle Arbeitnehmer) konterkarieren. Dies va auch in Hinblick auf die Tatsache, dass die in § 7 Abs 2 ARG angeführten Feiertage allen Arbeitnehmern zustehen.

[100] Vgl *Windisch-Graetz*, ZAS 2017/26, 148.

[101] Vgl OGH 9 ObA 18/96, ECLI:AT:OGH0002:1991:RS0060858.

[102] Vgl *Windisch-Graetz*, ZAS 2017/26, 150.

3.1.2 Der Weg zum Urteil im Vorabentscheidungsverfahren

Religiöse Verpflichtungen und Freistellungen wurden bereits im Zuge der Adaptierung des aus dem Jahr 1912 stammenden Islamgesetzes in Österreich thematisiert. Kaum zu Diskussion führten die im *Bundesgesetz über die äußeren Rechtsverhältnisse islamischer Religionsgesellschaften – Islamgesetz 2015*[103] enthaltenen Bestimmungen zu Speisevorschriften (vgl § 12) – wonach bei der Verpflegung von Mitgliedern der Religionsgesellschaft beim Bundesheer, in Haft- oder Krankenanstalten auf die innerreligionsgesellschaftlichen Speisegebote Rücksicht zu nehmen ist. Anders stellte sich dies va in Bezug auf islamische Feiertage dar. Da der Karfreitag schon 1950 für Protestanten in einem Generalkollektivvertrag als arbeitsfrei aufgenommen wurde, wurde bei der Überarbeitung des Islamgesetzes erwogen, drei islamische Feiertage staatlich anzuerkennen, ohne damit jedoch einen Anspruch auf zusätzliche bezahlte Freizeit zu schaffen. Gem 13 Abs 1 Islamgesetz wird Feiertagen und den Freitagsgebeten der staatliche Schutz gewährleistet. Nach Abs 2 zählen das Ramadanfest, das Pilger-Opferfest und Aschura zu den gesetzlich anerkannten islamischen Feiertagen. Wie erwähnt, lässt sich davon kein Rechtsanspruch auf bezahlte Freizeit ableiten. Mit dieser Regelung habe sich Österreich noch weiter von der verfassungs- und europarechtlichen Verpflichtung auf Gleichbehandlung entfernt. Dies *„ist innerhalb Europas einzigartig und höchst beschämend.“*[104]

Die Anerkennung von bekenntnisspezifischen Feiertagen in religiösen Sondergesetzen wurde von Experten als falscher Weg angesehen. Laut

---

[103] Vgl Bundesgesetz über die äußeren Rechtsverhältnisse islamischer Religionsgesellschaften – Islamgesetz 2015 BGBl I 2015/39.
[104] *Wanderer*, Feiertage: Gleiches Recht für alle, https://www.derstandard.at/story/2000005934350/feiertage-gleiches-recht-fuer-alle (Stand: 26.08.2019).

einem Vorschlag aus dem Jahr 2014 sollte ein gleicher Rechtsanspruch für alle Arbeitnehmer auf einen variablen, individuell festlegbaren und bezahlten Feiertag geschaffen werden, völlig unabhängig von der religiösen oder nichtreligiösen Weltanschauung der Beschäftigten. Das Islamgesetz unterliegt auch nach seiner Inkraftsetzung heftiger Kritik: *„Das Gesetz ist geprägt von einer kolonialen Haltung, von oben herab, von Augenhöhe mit den Minderheiten kann keine Rede sein."*, so ein Vertreter eines islamischen Vereins.[105]

Somit ließ auch das Islamgesetz die Feiertagsregelung um den protestantischen Karfreitag als auch um den israelitischen Versöhnungstag als verfassungsrechtlich problematische und als arbeitsrechtliche unzulässige selektive Sonderregelung bestehen: wo kein Kläger, da kein Richter.

Zu einer Änderung der Situation kam es jedoch im Jahr 2015. Markus Achatzi, Angestellter der privaten Firma „Cresco Investigation Gmbh", für Fragen im Bereich des Sicherheitsmanagements zuständig, wurde am Karfreitag, dem 3. April 2015, ohne zusätzliches Feiertagsentgelt von seinem Arbeitgeber beschäftigt. Er gehörte keiner der im Generalkollektivvertrag von 1953 erwähnten Glaubensgesellschaften [Anm: Angehörige der Evangelischen Kirche A.B. und H.B, der Methodistenkirche, sowie Altkatholiken] an, für die der Karfreitag als Feiertag festgelegt wurde. Achatzi sah sich als Konfessionsloser aufgrund dieser Regelung im Sinne der Ungleichbehandlung – Religion und Weltanschauung – diskriminiert. Er forderte von seinem Arbeitgeber den „Feiertagszuschlag" von € 109,09 brutto, zuzüglich Zinsen. Achatzi klagte beim *Arbeits- und Sozialgericht Wien* (ASG), welches als Erstgericht sein

---

[105] *Felke*, Warum Österreichs Islamgesetz kein Vorbild ist, https://www.zeit.de/gesellschaft/zeitgeschehen/2017-04/islamgesetz-cdu-wahlkampf-oesterreich-deutschland (Stand: 26.08.2019).

Begehr am 15. Oktober 2015 abwies.[106] Die Begründung lag darin, dass in der Karfreitagsregelung eine sachlich gerechtfertigte Ungleichbehandlung an sich ungleicher Sachverhalte vorliege.[107]

Der daraufhin vom Kläger eingebrachten Berufung wurde vom *Oberlandesgericht Wien (OLG)*, als Berufungsgericht in Arbeits- und Sozialsachen, am 29. März 2016 stattgegeben.[108] Es handle sich bei der Ungleichbehandlung um einen Verstoß gegen den Art 21 der Grundrechtecharta, die in Österreich im Verfassungsrang steht und somit unmittelbare Anwendung zu erfahren hat. Damit verbunden, so das OLG, bestünde eine unmittelbare Diskriminierung aufgrund der Religion. Diese sei nicht nach Art 7 Abs 1 der Gleichbehandlungsrichtlinie gerechtfertigt. Daraufhin erhob der Beklagte im Namen von „Cresco" Revision und strebte die Wiederherstellung des klageabweisenden erstinstanzlichen Urteils an. Der OGH hatte darüber zu entscheiden.[109]

Der OGH entschied ein Jahr später, am 24. März 2017, dem EuGH ein Vorabentscheidungsverfahren nach Art 267 AEUV – die Entscheidung des OGH ist letztinstanzlich und kann nicht mehr angefochten werden – zu übermitteln und gleichzeitig das Verfahren bis zum Urteil gem § 90a Abs 1 *Gerichts-organisationsgesetz* (GOG) auszusetzen. Dem EuGH wurden im Hinblick auf die Auslegung des Unionsrechts folgende Punkte zur Klärung vorgelegt:[110]

- Handelt es sich bei der bestehenden Karfreitagsregelung um eine Ungleichbehandlung aller Arbeitnehmer, die nicht Angehörige der

[106] Vgl ASG 16 Cga 86/15f-7, ECLI:AT:OGH0002:2017:009OBA00075.16V.0324.000.
[107] Vgl *Hummer*, Konsequenzen des ‚Karfreitag-Urteils' des EuGH für die österreichische Rechtsordnung, http://www.eu-infothek.com/konsequenzen-des-karfreitag-urteils-des-eugh-fuer-die-oesterreichische-rechtsordnung/ (Stand: 21.08.2019).
[108] Vgl OLG 9 Oba 23/16t-11.
[109] Vgl *Hummer*: http://www.eu-infothek.com/konsequenzen-des-karfreitag-urteils-des-eugh-fuer-die-oesterreichische-rechtsordnung/ (Stand: 21.08.2019).
[110] Vgl OGH 9 ObA 75/16v, ECLI:AT:OGH0002:2017:009OBA00075.16V.0324.000.

in den Generalkollektivverträgen von 1952/1953 genannten Religionsgemeinschaften sind?

- Stellt die bestehende Regelung keine Ungleichbehandlung dar, da es sich dabei um den Schutz der Rechte und Freiheiten einer kleinen Gruppe handelt?
- Stellt die bestehende Karfreitagsregelung eine geeignete Maßnahme zur Verhinderung einer Benachteiligung dar, um so an einem für diese Gruppe hohen kirchlichen Feiertag ihre Religionsausübung während der Arbeitszeit durchzuführen?
- Wenn die bestehende Regelung eine Diskriminierung darstellt, hat ein privater Arbeitgeber die Rechte und Ansprüche allen oder keinen Arbeitnehmern am Karfreitag zuzugestehen?

Der OGH verwies in seinem Vorabentscheidungsersuchen sinngemäß weiters unter anderem auf folgende Punkte:

- Eine Diskriminierung läge nur bei einer unmittelbaren Wirksamkeit des Unionsrechts vor, da das GIBG dem ARG nicht derogiert.
- Die Bestimmungen einer Richtlinie können nicht zu einer Verpflichtung für den Einzelnen erwachsen, und als solches ist es nicht möglich sich direkt auf eine Richtlinie zu berufen. Das Verbot der Diskriminierung wegen des Alters stellt jedoch einen Grundsatz des Unionsrechts dar, welches durch die RL 2000/78/EG noch konkretisiert wird.
- Daher geht der OGH davon aus, dass die angeführte Richtlinie, die bis dato nur in Fällen der Diskriminierung wegen des Alters herangezogen wurde, auch auf Fälle der Diskriminierung wegen der Religion bzw Weltanschauung Anwendung finden würde.
- Den Bestimmungen nach § 7 Abs 3 ARG folgend, läge eine weniger günstige Behandlung wegen der Religion für alle nicht darin

genannten Personengruppen vor. Für den Karfreitag ist das Erfordernis einer Urlaubsvereinbarung mit dem Arbeitgeber für diese Personengruppen nicht nötig. Mit den Angehörigen der Römisch-Katholischen Kirche ergibt sich eine Gleichstellung, da an ihren jeweiligen religiösen Feiertagen nach § 7 Abs 2 ARG ohnehin sämtliche Arbeitnehmer arbeitsfrei haben. Alle Arbeitnehmer, die ihre religiösen Bedürfnisse nicht nach § 7 Abs 2 und 3 ARG abgebildet sehen, haben diese Möglichkeit nicht.

- Handelt es sich bei der Feiertagsregelung um eine Ungleichbehandlung bzw unmittelbare Diskriminierung oder stellt diese eine sachlich gerechtfertigte Ungleichbehandlung dar?
- Für die Angehörigen der in § 7 Abs 3 ARG genannten Kirchen besteht de facto kein Nachteil am Arbeitsmarkt. Sollten sie jedoch hinkünftig arbeiten müssen, könnte darin eine Benachteiligung in Hinblick auf Angehörige der Römisch-Katholischen Kirche gesehen werden, die an ihren Feiertagen arbeitsfrei haben.
- Die Freistellung am Karfreitag nach § 7 Abs 3 ARG bezieht sich auf einen religiösen Hintergrund und steht in keinem unmittelbaren Verhältnis zur Religionsausübung.
- Der österreichische Gesetzgeber hat mit der bestehenden Regelung die Bedürfnisse einer genau begrenzten Gruppe von Arbeitnehmern berücksichtigt, wohl aber auch jene der Arbeitgeber, und dadurch eine übermäßige Ausdehnung an Feiertagen verhindert.

Zusammengefasst ersuchte der OGH um eine Entscheidung, ob die bestehende Karfreitagsregelung unionsrechtlich eine Diskriminierung darstellt, und wenn ja, ob dies ein zusätzliches Entgelt für alle arbeitenden Arbeitnehmer am Karfreitag bedeutet.

Die Entscheidung des OGH vom 24. März 2017 ging am 13. April 2017 beim EuGH ein. Während des Verfahrens haben neben dem Kläger und dem Beklagten auch die österreichische Regierung und die Europäische Kommission schriftliche Erklärungen zum Sachverhalt abgegeben. Darüber hinaus haben sich die italienische und die polnische Regierung in der mündlichen Verhandlung am 10. April 2018 dahingehend geäußert, dass ihrer Ansicht nach, gem Art 17 Abs 1 AEUV („*Die Union achtet den Status, den Kirchen und religiöse Vereinigungen oder Gemeinschaften in den Mitgliedstaaten nach deren Rechtsvorschriften genießen, und beeinträchtigt ihn nicht.*"), eine Gewährung von Feiertagen in die alleinige Zuständigkeit der Mitgliedsstaaten falle. [Anm: Die Kirchenvertreter der privilegierten Gruppen hatten beim Verfahren keine Parteistellung, was vor allem nach der Neuregelung zu starkem Unmut führte.] Am 25. Juli 2018 stellte der Generalanwalt schließlich seinen Schlussantrag zur Rechtssache C-193/17 – Cresco Investigation Gmbh gegen Markus Achatzi. Darin hielt er fest:[111]

- Die Gewährung eines bezahlten Feiertages nur für Angehörige bestimmter Glaubensgesellschaften, falls sie an diesem Tag einer Arbeitsleistung nachkommen, stellt allen anderen Arbeitnehmern gegenüber, eine Diskriminierung aus Gründen der Religion nach Art 21 Abs 1 GRC und einen Verstoß gegen die Gleichbehandlungspflicht nach RL 2000/78/EG dar.
- Daraus ist aber nicht ableitbar, dass ein privater Arbeitgeber unionsrechtlich verpflichtet ist, das zusätzliche Feiertagsentgelt

[111] Vgl EuGH C-193/17, *Cresco*, ECLI:EU:C:2019/43.

jedem Arbeitnehmer unabhängig von seiner religiösen Überzeugung zu bezahlen, der am Karfreitag arbeitet.

3.1.3 Das EuGH-Urteil im Vorabentscheidungsverfahren

Am 22. Jänner 2019 fällte der Gerichtshof in der „Großen Kammer" sein Urteil. Der von der polnischen Regierung erhobene Einwand der Unzuständigkeit, wurde mit dem Hinweis, dass Art 17 Abs 1 AEUV nicht auf eine unterschiedliche Behandlung von bestimmten Arbeitnehmern abziele, zurückgewiesen.[112]

Inhaltlich stellt der EuGH fest:

- Die bestehende Regelung stellt eine unmittelbar auf der Religion der Arbeitnehmer beruhende unterschiedliche Behandlung dar. (RdNr 40)
- Der Feiertag, sprich die Ruhezeit von 24 Stunden, der Arbeitnehmern, die einer der relevanten Kirchen im Sinne des ARG angehören, wird ihnen aufgrund der Bedeutung des Tages für die betreffende religiöse Gemeinschaft gewährt. (RdNr 45)
- Ein entsprechender Arbeitnehmer muss an diesem Tag aber nicht eine bestimmte religiöse Pflicht erfüllen, um in den Genuss des freien Tages zu kommen, sondern nur formal dieser Gruppe angehören. Er kann diesen Tag somit auch für Erholungs- oder Freizeitzwecke nutzen. (RdNr 46) In dieser Hinsicht besteht kein Unterschied zu einem Arbeitnehmer, dem dieser Tag nicht als Feiertag zugutekommt. (RdNr47)

---

[112] Vgl EuGH C-193/17, *Cresco,* ECLI:EU:C:2019/43.

- In gleicher Weise verhält es sich mit dem Feiertagsentgelt. Nicht das Bedürfnis oder die Pflicht zur Ausübung einer religiösen feierlichen Handlung sind ausschlaggebend, ob einem Arbeitnehmer dieses gewährt wird, sondern einzig und allein die Tatsache, dass er dieser Gruppen angehört. Auch in dieser Hinsicht besteht kein Unterschied zu anderen Arbeitnehmern, die am Karfreitag gearbeitet habe, ohne dass ihnen das Feiertagsentgelt zusteht. (RdNr 50)
- Daraus ergibt sich eine unterschiedliche Behandlung vergleichbarer Situationen nach Maßgabe der Religion, was eine unmittelbare Diskriminierung aus Gründen der Religion begründet. (RdNr 51)
- Außerdem gehört die Religionsfreiheit zu den im Unionsrecht anerkannten Rechten und Grundfreiheiten. (RdNr 58)
- Da Arbeitnehmer, die nicht den relevanten Kirchen angehören, aber einen nicht im ARG aufgezählten religiösen Feiertag begehen wollen, auf die Fürsorgepflicht des Arbeitgebers angewiesen sind [Anm: Genehmigung eines Urlaubstages] und keinen im österreichischen Recht geregelten Anspruch haben (RdNr 60), ergibt sich, dass die nationale Maßnahme nicht zum Schutz der Religionsfreiheit geeignet ist. (RdNr 61)
- Die bestehende Regelung kann nicht als spezifische Maßnahme zum Ausgleich der „Benachteiligung“ angesehen werden, wonach der Karfreitag für die entsprechenden Gruppen nicht im § 7 Abs 2 ARG angeführt ist. (RdNr 66)
- Den Angehörigen der benachteiligten Gruppe sind dieselben Vorteile zu gewähren wie den Angehörigen der begünstigten Gruppe, solange keine Maßnahmen zur Wiederherstellung der Gleichbehandlung gesetzt werden. (RdNr 79)
- Unterschiedlich zum Schlussantrag des Generalanwalts beantwortet die „Große Kammer“ den vierten Punkt der Anfrage.

Sah der Generalanwalt die Pflicht zum Ausgleich der Ungleichbehandlung nicht in der Aufgabe des privaten Arbeitgebers, so wurde im Urteil des Gerichtshofs festgehalten, dass der Arbeitgeber dafür zu sorgen haben, dass die Arbeitnehmer die gleiche Behandlung erhalten. (RdNr 83)

- Wie für die Arbeitnehmer der begünstigten Gruppe, gälte auch für die anderen, dass sie den Wunsch an diesem Tag nicht zu arbeiten, vorab ihren Arbeitgebern bekannt geben müssten. (RdNr 84, 85)[113]
- Ist dies geschehen, bestünde – bis zur Herstellung der Gleichbehandlung – ein Anspruch auf Zahlung nach § 9 Abs 5 ARG. (RdNr 86)

Aufgrund der nachfolgend ausgelösten Diskussionen und notwendigen Maßnahmen in Österreich wird hier die Zusammenfassung des Urteils des EuGH wörtlich angeführt:

> 1. *„Art. 1 und Art. 2 Abs. 2 der Richtlinie 2000/78/EG des Rates vom 27. November 2000 zur Festlegung eines allgemeinen Rahmens für die Verwirklichung der Gleichbehandlung in Beschäftigung und Beruf sind dahin auszulegen, dass eine nationale Regelung, nach der zum einen der Karfreitag ein Feiertag nur für die Arbeitnehmer ist, die bestimmten christlichen Kirchen angehören, und zum anderen nur diese Arbeitnehmer, wenn sie zur Arbeit an diesem Feiertag herangezogen werden, Anspruch auf ein Zusatzentgelt*

[113] Anm: Gerade mit dieser Antragspflicht, wirkt der EuGH der rückwirkenden Geltung seiner Urteile und der damit verbundenen möglichen Nachzahlungen der Arbeitgeber – Verjährungsfrist drei Jahre – entgegen, da dies wohl kaum ein Arbeitnehmer gemacht haben dürfte.
Vgl *Aichinger*, Karfreitag: Ein Feiertag auf Antrag, https://diepresse.com/home/panorama/religion/5566840/Karfreitag_Ein-Feiertag-auf-Antrag (Stand: 27.08.19).

für die an diesem Tag erbrachte Arbeitsleistung haben, eine unmittelbare Diskriminierung der Religion wegen darstellt.

Die mit dieser nationalen Regelung vorgesehenen Maßnahmen können weder als zur Wahrung der Rechte und Freiheiten anderer notwendige Maßnahmen im Sinne des Art. 2 Abs. 5 der Richtlinie 2000/78 noch als spezifische Maßnahmen zum Ausgleich von Benachteiligungen wegen der Religion im Sinne des Art. 7 Abs. 1 dieser Richtlinie angesehen werden.

2. *Art. 21 der Charta der Grundrechte der Europäischen Union ist dahin auszulegen, dass, solange der betroffene Mitgliedstaat seine Regelung, nach der nur den Arbeitnehmern, die bestimmten christlichen Kirchen angehören, der Anspruch auf einen Feiertag am Karfreitag zusteht, nicht zur Wiederherstellung der Gleichbehandlung geändert hat, ein privater Arbeitgeber, der dieser Regelung unterliegt, verpflichtet ist, auch seinen anderen Arbeitnehmern das Recht auf einen Feiertag am Karfreitag zu gewähren, sofern diese zuvor mit dem Anliegen an ihn herangetreten sind, an diesem Tag nicht arbeiten zu müssen, und ihnen folglich, wenn er sie abschlägig beschieden hat, das Recht auf ein Zusatzentgelt für die an diesem Tag erbrachte Arbeitsleistung zuzuerkennen.*

Abbildung 4: Urteil des Gerichtshofs zu C-193/17

Mit dem Urteil des EuGH lag der Ball nun wieder beim OGH. Dieser hatte das Verfahren bis zum Spruch ausgesetzt. Ein Monat nach dem Urteil des Gerichtshofs, und beinahe zwei Jahre nach Übermittlung des Vorabentscheidungsersuchens, erging der Beschluss des OGH – welcher an den Spruch des EuGH gebunden ist – dass

- das Verfahren fortgesetzt wird,
- der Revision Folge gegeben wird,
- die Urteile der Vorinstanzen aufgehoben werden und
- die Rechtsache zur neuerlichen Entscheidung nach Verfahrensergänzung an das Erstgericht zurückverwiesen wird.[114]

Abschließend sei zum Beschluss des OGH angeführt, dass dieser in seinem Spruch sowohl auf den Generalkollektivvertrag 1953 als auch auf die allgemeine Treuepflicht des Arbeitnehmers hinweist. Beides verpflichtet diesen, auf die betrieblichen Interessen des Arbeitgebers Rücksicht zu nehmen, was wiederum eine Vorinformation des Arbeitnehmers über die Inanspruchnahme des Feiertages bedeutet.[115]
Im gegenständlichen Verfahren, welches wieder durch das *ASG* zu behandeln war, hatte der Kläger glaubhaft nachzuweisen, dass dieser Pflicht auch nachgekommen ist, damit er seinen Anspruch auf Feiertagszuschlag in der Höhe von € 109,09 geltend machen kann. Dem gegenüber steht die Gefahr, beim Verlieren des Verfahrens, auch die Gerichtskosten tragen zu müssen.[116]
Am 28. August 2019 wurde dieses Verfahren laut Pressemeldungen eingestellt. Arbeitnehmer und Arbeitgeber ließen die Sache einvernehmlich auf sich beruhen. Die Arbeiterkammer (AK), die den Kläger juristisch unterstützte, sah [Anm: aufgrund der aktuellen Regelung, die in dieser Arbeit noch angeführt wird] keine Notwendigkeit das

---

[114] Vgl OGH 9 ObA 11/19m, ECLI:AT:OGH0002:2019:009OBA00011.19M.0227.000.
[115] Ebd.
[116] Vgl *Hummer*, Vom ‚halben Feiertag' am Karfreitag zum ‚persönlichen Feiertag' nach eigener Wahl, http://www.eu-infothek.com/vom-halben-feiertag-am-karfreitag-zum-persoenlichen-feiertag-nach-eigener-wahl/ (Stand: 26.08.2019).

Verfahren weiter zu verfolgen.[117] Zum Thema der Prozesskosten gab es keine Hinweise.

3.1.4 Erste Reaktionen auf das EuGH-Urteil

Neben dem privatrechtlichen Verfahren war jetzt der Gesetzgeber am Zug. Dieser musste aufgrund der Direktwirkung des EuGH-Urteils eine Novellierung des FRG bzw des ARG veranlassen, um eine diskriminierungsfreie Karfreitagsregelung zu schaffen und Mehrzahlungen für Arbeitgeber, bei rechtzeitiger Anmeldung des Urlaubswunsches der Arbeitnehmer, zu verhindern.

Die Reaktionen, die dem EuGH-Urteil folgten, und die Möglichkeit wie dieses umgesetzt werden könnte, waren unterschiedlich und vielfältig. Bereits wenige Stunden nach Veröffentlichung des Urteils forderte der Präsident der *AK Steiermark*: *„Am einfachsten lässt sich diese Diskriminierung beheben, indem der Gesetzgeber den Karfreitag zum Feiertag bestimmt.“*[118] Auch die Präsidentin der *AK Wien* äußerte sich kurz darauf und gab bekannt, dass die Menschen hart genug arbeiten und ihnen die arbeitsrechtlichen Ansprüche auch ohne Ansuchen zustünden.[119] Auf die gleiche Seite stellten sich die Gewerkschaften. Der *Österreichische Gewerkschaftsbund* (ÖGB) – *„ArbeiterInnen brauchen*

---

[117] Vgl Die Presse, Karfreitag: Prozess zu Ende, https://diepresse.com/home/wirtschaft/economist/5681024/Karfreitag_Prozess-zu-Ende (Stand: 28.08.2019).

[118] OTS 0108, 22.01.2019, AK Steiermark, Karfreitag soll für alle Feiertag werden, https://www.ots.at/presseaussendung/OTS_20190122_OTS0108/karfreitag-soll-fuer-alle-feiertag-sein (Stand: 22.01.2019).

[119] Vgl OTS 0116, 22.01.2019, AK Wien, AK Rechtsschutz: EuGH-Urteil bringt freien Karfreitag für alle, https://www.ots.at/presseaussendung/OTS_20190122_OTS0116/ak-rechtsschutz-eugh-urteil-bringt-freien-karfreitag-fuer-alle (Stand: 22.01.2019).

mehr Freizeit“[120] - und die *Fraktion Sozialdemokratischer GewerkschafterInnen* (FSG) traten für einen freien Karfreitag für alle ein.[121]

Eine unterschiedliche Meinung verfolgte die *Wirtschaftskammer Österreich* (WKÖ). Ihrem Präsidenten zufolge käme für die Wirtschaft ein zusätzlicher freier Tag nicht in Frage, da er die österreichische Wirtschaft 600 Millionen Euro kosten würde.[122] Auch der *Wirtschaftsbund* – *„Ein zusätzlicher Feiertag ist für die Wirtschaft nicht tragbar.“*[123] – und die *Industriellenvereinigung* (IV) – Österreich liege bereits jetzt mit 13 gesetzlichen Feiertagen im internationalen Spitzenfeld; eine Lösung muss die Folgewirkungen für die Wirtschaft berücksichtigen[124] – sprachen sich gegen die Vorschläge der Arbeitnehmervertreter aus. *Österreichs Institut für Wirtschaftsforschung* (WIFO) ging bei einem generellen freien Karfreitag sogar von einer Reduktion des Bruttoinlandsprodukts von 400 Millionen Euro bzw einer Verringerung der Wertschöpfung von 0,1 bis 0,15 % aus.[125]

---

[120] OTS 0045, 22.01.2019, ÖGB-Achitz, Karfreitag muss zum gesetzlichen Feiertag für alle werden, https://www.ots.at/presseaussendung/OTS_20190122_OTS0045/oegb-achitz-karfreitag-muss-zum-gesetzlichen-feiertag-fuer-alle-werden (Stand: 22.01.2019).
[121] Vgl OTS 0141, 22.01.2019, FSG, Karfreitag muss Feiertag für alle werden, https://www.ots.at/presseaussendung/OTS_20190122_OTS0141/fsg-karfreitag-muss-feiertag-fuer-alle-werden (Stand: 22.01.2019).
[122] Vgl OTS 0081, 22.01.2019, Wirtschaftskammer zum Karfreitag: Für gleichheitskonforme Lösung ohne Mehrbelastung der Wirtschaft, https://www.ots.at/presseaussendung/OTS_20190122_OTS0081/wirtschaftskammer-zum-karfreitag-fuer-gleichheitskonforme-loesung-ohne-mehrbelastung-der-wirtschaft (Stand: 22.01.2019).
[123] OTS 0063, 22.01.2019, Wirtschaftsbund: EuGH-Urteil zum Karfreitag – Umsetzung darf Unternehmen nicht belasten, https://www.ots.at/presseaussendung/OTS_20190122_OTS0063/wirtschaftsbund-eugh-urteil-zum-karfreitag-umsetzung-darf-unternehmer-nicht-belasten (Stand: 22.01.2019).
[124] Vgl OTS 0095, 22.01.2019, Industrie zu EuGH-Karfreitag: Standort nicht weiter belasten, https://www.ots.at/presseaussendung/OTS_20190122_OTS0095/industrie-zu-eugh-karfreitag-standort-nicht-weiter-belasten (Stand: 22.01.2019).
[125] Vgl Hummer, http://www.eu-infothek.com/konsequenzen-des-karfreitag-urteils-des-eugh-fuer-die-oesterreichische-rechtsordnung/ (Stand: 21.08.2019).

Andere Lösungen wurden kurz nach Veröffentlichung des EuGH-Urteils von den Kirchenvertretern lanciert. Die *Österreichische Bischofskonferenz* ließ durch ihren Generalsekretär verlautbaren, dass die aktuell gültige Feiertagsregelung lediglich dahingehend modifiziert werden sollte, indem der Karfreitag für die bisherigen Religionsgruppen ein gesetzlicher Feiertag bleibe, aber für jene, die trotzdem arbeiten, keine Feiertagszuschläge anfallen sollten.[126] Die Vertreter der Evangelischen Kirche reagierten zuerst moderat, indem sie sich zwar über die Entscheidung des EuGH erleichtert zeigten, dass eine konkrete Lösung jedoch durch den Gesetzgeber vorzulegen sei. Sie forderten eine dementsprechende Gesprächsbeteiligung, sprachen sich aber klar gegen eine Abschaffung des freien Karfreitages aus. In Hinblick auf die Interessen der Wirtschaft war bereits nach kurzem ein „Tausch" des Karfreitags mit dem Pfingstmontag am Tapet.[127]

Sehr unterschiedlich zeigten sich in der Thematik naturgemäß die politischen Parteien. Die SPÖ unterstützte die Forderungen des ÖGB, den Karfreitag zum gesetzlichen Feiertag für alle zu erklären, und zeigte kein Verständnis für die Forderungen der Wirtschaftskammer.[128] Für ein prinzipielles Überdenken der Arbeitszeit und eine damit verbundene Reduktion auf 35 Stunden pro Woche trat die Liste JETZT ein.[129] Der zuständige und damalige Kanzleramtsminister gab bekannt, dass es wohl

---

[126] Vgl OTS 0077, 22.01.2019, Schipka: Karfreitag als Feiertag für Evangelische beibehalten, https://www.ots.at/presseaussendung/OTS_20190122_OTS0077/schipka-karfreitag-als-feiertag-fuer-evangelische-beibehalten (Stand: 22.01.2019).

[127] Vgl OTS 0061, 22.01.2019, Bischof Bünker: Karfreitag ist für Evangelische von zentraler Bedeutung, https://www.ots.at/presseaussendung/OTS_20190122_OTS0061/bischof-buenker-karfreitag-ist-fuer-evangelische-von-zentraler-bedeutung (Stand: 22.01.2019).

[128] Vgl OTS 0112, 22.01.2019, SPÖ unterstützt ÖGB Forderung, dass Karfreitag zum gesetzlichen Feiertag für alle wird, https://www.ots.at/presseaussendung/OTS_20190122_OTS0112/spoe-unterstuetzt-oegb-forderung-dass-karfreitag-zum-gesetzlichen-feiertag-fuer-alle-wird (Stand: 22.01.2019).

[129] Vgl OTS 0145, 22.01.2019, Zinggl/JETZT: Prinzipiell Arbeitszeit überdenken und nicht nur Feiertage, https://www.ots.at/presseaussendung/OTS_20190122_OTS0145/zinggljetzt-prinzipiell-arbeitszeit-ueberdenken-und-nicht-nur-feiertage (Stand: 22.01.2019).

keinen zusätzlichen Feiertag für alle geben werde. *„Es solle niemandem etwas weggenommen werden und man werde mit allen Beteiligten Gespräche führen."* Ebenfalls wurde die Beibehaltung des Karfreitags unter Entfall der Feiertagszulage oder ein Feiertagstausch angedacht. Darüber hinaus kam die Idee auf, dass jede staatlich anerkannte Kirche einen gesetzlich verankerten Feiertag benennen sollte.[130]

Eine weitere Variante proklamierte der *Handelsverband* am Tag nach dem Spruch des EuGH. Er sieht einen möglichen Lösungsweg: *„Es gibt keinen zusätzlichen allgemeinen Feiertag und keinen zusätzlichen Urlaubstag für alle, sondern ein Urlaubstag wird kombiniert mit einem Rechtsanspruch auf Urlaub bei bestimmten religiösen Festivitäten (z.B. Karfreitag, Versöhnungstag, etc). Somit könnten sich jene Arbeitnehmer freinehmen, die dies aus religiösen Gründen möchten, und für die anderen Arbeitnehmer würde sich nichts ändern. Urlaubstage müssen ja ansonsten zwischen Arbeitgeber und Arbeitnehmer einvernehmlich vereinbart werden."*[131]

Zusammengefasst ist festzuhalten, dass sich Handel, Tourismus und Wirtschaft gegen einen zusätzlichen generellen Feiertag aussprachen, Arbeitnehmervertreter diesen befürworteten und die Kirchen ebenfalls dafür waren, solange ihnen keiner ihrer Feiertage weggetauscht werden würde. Die politischen Parteien waren unterschiedlichster Meinung; so auch die Rechtswissenschaftler. Martin Risak, Arbeitsrechtler an der

[130] Vgl OTS 0206, 23.01.2019, Warum kein Abtausch von Feiertagen?, https://www.ots.at/presseaussendung/OTS_20190123_OTS0206/tiroler-tageszeitung-ausgabe-vom-24-jaenner-2019-leitartikel-von-alois-vahrner-warum-kein-abtausch-von-feiertagen (Stand: 28.08.2019).

[131] Handelsverband, EuGH-Urteil zum Karfreitag darf beschäftigungsintensive Branchen nicht zusätzlich belasten, https://www.handelsverband.at/presse/presseaussendungen/eugh-urteil-zum-karfreitag/ (Stand: 28.08.2019).
Anm: Es ist anzumerken, dass der angeführte Vorschlag des *Handelsverbandes* wohl auf der eigenen Homepage, nicht aber in der OTS 0085 vom 23.01.2019 abgedruckt ist.

Universität Wien, sah mit einem zusätzlichen „Wahl-Urlaubstag", der zwischen Arbeitgeber und –nehmer vereinbart werden müsste, die sachadäquateste Lösung. Franz Marhold von der WU Wien warnte jedoch davor, da sich Arbeitnehmer diesen zusätzlichen Urlaubstag „nach Gutdünken" nehmen könnten. Am Karfreitag bestünde die Möglichkeit, Zeit für ihre religiöse Verpflichtung, unter Lohnfortzahlung – was ihnen laut Arbeitsrecht aus wichtigen, die Person betreffenden Gründen zusteht – zu beanspruchen.[132] An der Bundesregierung lag es aber nun zu handeln, denn sie hatte bis zum „nächsten" Karfreitag nur drei Monate Zeit.

3.1.5 Der Weg zum persönlichen Feiertag

In den folgenden Tagen dominierte der „Karfreitag" die Printmedien, und auf „social-media" wurde heftig diskutiert. Im öffentlich-rechtlichen Rundfunk wurde in Sendungen wie „Eco", „Orientierung", „Thema" oder „Politik live" berichtet und die Meinung der unterschiedlichsten Personen- und Interessensgruppen abgefragt. Laut einer *„sinnbefreiten Untersuchung zum Karfreitag"*, die von der AK beauftragt wurde, sprachen sich Ende Jänner 81 % der Arbeitnehmer dafür aus, den Karfreitag als allgemeinen Feiertag einzuführen. Einen Tausch mit dem Ostermontag lehnten hingegen 79 % der Befragten ab.[133]

Die Regierung setzte ein Verhandlungsteam ein, welches innerhalb kürzester Zeit eine Lösung auszuarbeiten, abzustimmen und zu

---

[132] Vgl *Hummer*, http://www.eu-infothek.com/konsequenzen-des-karfreitag-urteils-des-eugh-fuer-die-oesterreichische-rechtsordnung/ (Stand: 21.08.2019).
[133] Vgl *Smetana*, Überraschendes Ergebnis der Umfrage zum Karfreitag, https://www.sn.at/politik/innenpolitik/glosse-ueberraschendes-ergebnis-der-umfrage-zum-karfreitag-65006710 (Stand: 28.08.2019).

präsentieren hatte. Nicht weniger als elf Varianten wurden zur Umsetzung des EuGH-Urteils diskutiert. Der damalige Evangelisch-Lutherische Bischof hielt die Idee eines zusätzlichen freien Tages je nach Religion für eine *„charmante Idee und eine zukunftsorientierte Lösung im Sinne der Religionsvielfalt"*. Der Abtausch des Pfingstmontags wäre zwar ein schlechtes Signal, aber immer noch dem Ostermontag vorzuziehen. Denn Ostern stellt die Mitte der Heilsgeschichte dar, und *„ohne Karfreitag kein Ostern, und ohne Ostern kein Christentum"*, so ein führender Theologe.[134] In dieser Phase kam es zu herber Kritik von Seiten der Opposition. Die SPÖ ortete grobe Auseinandersetzungen zwischen den Regierungsparteien und der Bundeskanzler verliere zunehmend die Kontrolle.[135] Am 30. Jänner kam es zu einem Entschließungsantrag der Liste JETZT, indem eine Entschädigung für diskriminierte Arbeitnehmer gefordert wurde.[136] Der Antrag wurde von den anderen Fraktionen abgelehnt.

Am 19. Februar 2019 wurde eine offizielle Lösung durch den Kanzleramtsminister präsentiert. Der Karfreitag sollte ein „halber" Feiertag werden, an dem alle Arbeitnehmer ab 14.00 Uhr frei haben sollten. Damit wäre ein Kompromiss gefunden worden, der nahe an der bisherigen Regelung bleibt. Für 96 % der Arbeitnehmer sei dadurch eine Besserstellung erreicht worden, so die Regierungsvertreter. Die genauen gesetzlichen Bestimmungen waren noch offen. Der Antrag hatte noch am selben Tag mit ÖVP-FPÖ-Mehrheit den Sozialausschuss des

---

[134] Vgl Evangelische Kirche in Österreich, Karfreitag: Gespräche über Lösungsvorschläge gehen weiter, https://evang.at/karfreitag-gespraeche-ueber-loesungsvorschlaege-gehen-weiter/ (Stand: 28.08.2019).

[135] Vgl OTS 0162, 04.02.2019, Leichtfried: Offener Streit in der Regierung zu Papamonat und Karfreitag, https://www.ots.at/presseaussendung/OTS_20190204_OTS0162/leichtfried-offener-streit-in-der-regierung-zu-papamonat-und-karfreitag (Stand: 05.02.2019).

[136] Vgl Parlament, Entschließungsantrag 586/A(E) XXVI.GP, https://www.parlament.gv.at/PAKT/VHG/XXVI/A/A_00586/imfname_734860.pdf (Stand: 26.02.2019).

Nationalrates passiert und konnte so für die Plenarsitzung am 27. Februar auf die Tagesordnung genommen werden.[137]

Die Reaktionen auf die Regierungsvorlage fielen durchgehend negativ aus. Wirtschaft, Arbeitnehmerverbände, Religionsgemeinschaften und die Opposition zeigten sich dem Vorschlag gegenüber ablehnend. Den bis jetzt vier begünstigten Glaubensgemeinschaften wäre ein halber Feiertag genommen worden. Die meisten Arbeitnehmer hätten nichts von dieser Lösung, da in vielen Betrieben freitags ohnehin Frühschluss wäre,[138] und auch an Bundesdienststellen ruht der Dienst am Karfreitag ab 12.00 Uhr. Gegen diesen Vorschlag sprach sich auch entschieden die *Österreichische Bischofskonferenz* aus. *„Wenn nämlich Feiertage auf einen arbeitsfreien Nachmittag reduziert werden, wird das Wesen der österreichischen Sonn- und Feiertagskultur ausgehöhlt. Die Kirche würde gegen eine derartige Fehlentwicklung entschieden auftreten."*, so ihr Generalsekretär.[139]

Vor allem aber aus rechtlicher Sicht wäre eine „halbe" Feiertagsregelung diffizil. Das Arbeitsrecht kennt keine halben Feiertage, das Beamtendienstrecht beispielsweise keine halben Urlaubstage. An Feiertagen darf kein Urlaub verbraucht werden. Somit müsste der Arbeitgeber dem Verbrauch von Zeitguthaben zustimmen, sofern der Arbeitnehmer über solches verfügt. Ist dieses nicht vorhanden, wäre ein

---

[137] Vgl Parlament, Parlamentskorrespondenz Nr 149 vom 19.02.2019, Karfreitag: Sozialausschuss schickt Koalitionsantrag noch ohne konkrete Bestimmungen ins Plenum, https://www.parlament.gv.at/PAKT/PR/JAHR_2019/PK0149/index.shtml (Stand: 26.02.2019).

[138] Vgl Die Presse, ÖVP und FPÖ einig: Karfreitag wird ein halber Feiertag, https://diepresse.com/home/innenpolitik/5582000/OeVPFPOe-einig_Karfreitag-wird-halber-Feiertag (Stand: 19.02.2019).

[139] Kathpress, Schipka: Karfreitagslösung nicht ganz im Sinne der Evangelischen, https://www.bischofskonferenz.at/124654/schipka-karfreitagsloesung-nicht-ganz-im-sinn-der-evangelischen (Stand: 21.02.2019).

freier Karfreitag, im Unterschied zur bisher gültigen Regelung, nicht möglich.[140]

Die geplante Änderung brächte in jedem Fall aber einen Eingriff in den Generalkollektivvertrag mit sich. Dem Arbeitsrechtler Marhold zu folge, wäre eine solche einseitige Veränderung durch die Regierung mittels Gesetzesvorschlag unzulässig, denn nur die Kollektivvertragspartner seien hierzu in der rechtlichen Lage. Er untermauert seine Aussage mit der Verurteilung Deutschlands und der Türkei durch den EuGH und den *Europäische Gerichtshof für Menschenrechte* (EGMR) für ähnliche Vorhaben. Der Generalkollektivvertrag würde seiner Ansicht nach, trotz Gesetzesänderung, weiterhin Gültigkeit besitzen, was folglich zu Rechtsstreitigkeiten führen könnte. Die von der Regierung behauptete Klarheit und Sicherheit seien dadurch keineswegs gegeben.[141] Auch der ÖGB beklagte das geplante Vorhaben als einen massiven Eingriff in die Kollektivvertragshoheit der Sozialpartner.[142] Anders beurteilen diese Maßnahme die Experten von *Handelsverband Österreich*, Rainer Will, und von der WU Wien, Andrea Potz. Sie sehen den Eingriff in den Generalkollektivvertrag durch die Bundesregierung zwar als Novum an, erachten ihn aber nicht als Tabubruch.[143]

Der Europa- und Völkerrechtsexperte Waldemar Hummer der Universität Innsbruck sieht mit dem Urteil des EuGH die „Büchse der Pandora" geöffnet. Da die nationalen Bestimmungen derart verzahnt sind, bewirkt die Veränderung einer Regelung automatisch die Notwendigkeit zur

---

[140] Vgl *Hummer*: http://www.eu-infothek.com/konsequenzen-des-karfreitag-urteils-des-eugh-fuer-die-oesterreichische-rechtsordnung/ (Stand: 21.08.2019).

[141] Vgl Wiener Zeitung, Arbeitsrechtler: Eingriff in Kollektivvertrag unzulässig, https://www.wienerzeitung.at/nachrichten/politik/oesterreich/1019428-Arbeitsrechtler-Eingriff-in-Kollektivvertrag-unzulaessig.html (Stand: 29.08.2019).

[142] Vgl ÖGB, Feiertag am Karfreitag gestrichen, https://www.oegb.at/cms/S06/S06_0.a/1342606612228/home/feiertag-am-karfreitag-gestrichen (Stand: 29.08.2019).

[143] Vgl Report (+) Plus, Karfreitag – Die große Umfrage, https://cms.law/de/AUT/News-Information/Die-grosse-Umfrage-Karfreitag (Stand: 27.08.2019).

Anpassung einer anderen. Den „halben Feiertag“ bezeichnet er als „Schnellschuss“, der in erster Linie dem Termindruck geschuldet ist.[144]
Aufgrund der oben angeführten Kritiken – am 21. Februar kam es von Seiten der SPÖ sogar zu einer parlamentarischen Anfrage an den *Bundesminister für Öffentlichen Dienst und Sport*[145] – und der zu erwarteten möglichen Klagen erkannten die Verantwortlichen, dass die „Halbe-Feiertag-Lösung“ zu überarbeiten war. Die Problematik wurde politisch eine Stufe höhergestellt. Anstelle des Verhandlungsteams der Parlamentsklubs im Nationalrat sondierten nun die Regierungskoordinatoren von ÖVP und FPÖ. Die Vertreter der Religionsgemeinschaften wurden wiederum zu Gesprächen eingeladen, was jedoch anfangs ohne Erfolg blieb. Erst nach einem nächtlichen Verhandlungsmarathon wurde im Kanzleramt am 26. Februar 2019 das neue Konzept vorgestellt. An die Stelle des „halben Feiertages“ trat der „persönliche Feiertag“.
Bereits am darauffolgenden Tag stimmten die Koalitionsparteien in der Plenarsitzung für das neue Gesetz. Da eine Einbringung und ein Beschluss am selben Tag grundsätzlich nicht möglich sind, nutzten sie einen Antrag vom 30. Jänner, der sich lediglich auf die Anpassung der Ressortbezeichnungen gem Bundesministeriengesetz (BMG) berief. [146] In Form eines Änderungsantrages zu einem Gesetzesentwurf anstelle eines neuen Gesetzesantrages konnte die neue Karfreitagsregelung umgesetzt werden.[147] Mit der Gesetzesänderung war auch ein Eingriff in geltenden

[144] Vgl *Hummer*: http://www.eu-infothek.com/konsequenzen-des-karfreitag-urteils-des-eugh-fuer-die-oesterreichische-rechtsordnung/ (Stand: 21.08.2019).
[145] Vgl Parlament, Anfrage 2901/J vom 21.02.2019 (XXVI. GP), https://www.parlament.gv.at/PAKT/VHG/XXVI/J/J_02901/imfname_738254.pdf (Stand: 18.02.2019).
[146] Vgl Parlament, Antrag 606/A vom 30.01.2019 (XXVI. GP), https://www.parlament.gv.at/PAKT/VHG/XXVI/A/A_00606/imfname_735048.pdf (Stand. 07.02.2019).
[147] Vgl Parlament, Parlamentskorrespondenz Nr 190 vom 27.02.2019, https://www.parlament.gv.at/PAKT/PR/JAHR_2019/PK0190/index.shtml (Stand: 28.02.2019).

Kollektivverträge notwendig. Dieser wurde mit der Notwendigkeit der Sicherstellung einer diskriminierungsfreien und unionskonformen Lösung begründet. Elias Felten, ein Linzer Arbeits- und Sozialrechtler sieht den Eingriff rechtsdogmatisch möglich, wenn das Interesse des Eingriffs höher ist als jenes dagegen.[148]

Mit dem Eingriff in die General- und Branchenkollektivverträge – zu dem die MS ausdrücklich gem Art 16 EU-RL 2000/78 zur Beseitigung einer als unionsrechtswidrig erkannten Norm in den Tarifverträgen verpflichtet sind[149] – werden auch alle sonstigen Normen der kollektiven Rechtsgestaltung ohne Nachwirkung in diesem Zusammenhang für unwirksam erklärt. Ein abermaliger Beschluss in dieser Form ist nicht möglich. Dadurch entfallen ebenso alle entsprechenden Satzungsbestimmungen und Betriebsvereinbarungen. Sonstige konfessionsgebundene Feiertage oder Sonderrechte, insbesondere der Versöhnungstag, bleiben aufrecht. Der Gesetzgeber ging davon aus, dass die Rechtslage in dieser Hinsicht anders zu beurteilen ist.[150]

„Yom Kippur" könnte als sachlich gerechtfertigte Ungleichbehandlung angesehen werden, da seine Verankerung im Generalkollektivvertrag in enger zeitlicher Folge auf das Ende des Nationalsozialismus als Akt der Förderung des jüdischen Lebens in Österreich gedeutet werden könnte.[151] Die Entscheidung darüber hätte wohl wieder der EuGH zu treffen.

---

[148] Vgl *Hummer*, Vom ‚halben Feiertag' am Karfreitag zum ‚persönlichen Feiertag' nach eigener Wahl, http://www.eu-infothek.com/vom-halben-feiertag-am-karfreitag-zum-persoenlichen-feiertag-nach-eigener-wahl/ (Stand: 28.08.2019).

[149] Vgl *Wiesinger,* Der Normallohntarif und abweichende Regelungen im Kollektivvertrag, ZAS 2019/29, 160 (162).

[150] Vgl *Gleißner*, Neuregelung Karfreitag, ZAS 2019/16, 95.

[151] Vgl *Hummer*, http://www.eu-infothek.com/vom-halben-feiertag-am-karfreitag-zum-persoenlichen-feiertag-nach-eigener-wahl/ (Stand: 28.08.2019).

3.1.6 Der persönliche Feiertag

Die neue Karfreitagsregelung wurde mit dem *Bundesgesetz, mit dem das Arbeitsruhegesetz, das Bäckereiarbeiter/innengesetz 1996, das Feiertagsruhegesetz 1957, das Landarbeitsgesetz 1984 und das Land- und Forstarbeiter- Dienstrechtsgesetz geändert werden,* umgesetzt.[152] Am 14. März nahm der Gesetzesantrag, für den es keinen Ministerialentwurf und kein Begutachtungsverfahren gab, seine letzte Hürde. In der 890. Bundesratssitzung kam es bei einer namentlichen Abstimmung zu 36 Ja-Stimmen und 23 Nein-Stimmen. Somit wurde kein Einspruch gegen den Gesetzesbeschluss des Nationalrates erhoben.[153] Mit dem BGBl I Nr 22/2019 vom 21. März 2019 wurde das neue Gesetz kundgemacht.

Im ARG wurde der § 7a – „Einseitiger Urlaubsantritt („persönlicher Feiertag") – eingefügt und dem § 33a – welcher das Inkrafttreten von Novellen regelt – wurden die Abs 28 und 29 angefügt. Für die weitere Bearbeitung erscheinen die Änderungen im *ARG* und im *FRG* von Relevanz und werden daher nachstehend angeführt:

§ 7a (1) Der Arbeitnehmer kann den Zeitpunkt des Antritts eines Tages des ihm zustehenden Urlaubs einmal pro Urlaubsjahr einseitig bestimmen. Der Arbeitnehmer hat den Zeitpunkt spätestens drei Monate im Vorhinein schriftlich bekannt zu geben.

(2) Es steht dem Arbeitnehmer frei, auf Ersuchen des Arbeitgebers den bekannt gegebenen Urlaubstag nicht anzutreten. In diesem Fall hat

[152] Vgl Parlament, Bundesgesetz, mit dem das Arbeitsruhegesetz, das Bäckereiarbeiter/innengesetz 1996, das Feiertagsruhegesetz 1957, das Landarbeitsgesetz 1984 und das Land- und Forstarbeiter- Dienstrechtsgesetz geändert werden, 500 der Beilagen XXVI. GP, https://www.parlament.gv.at/PAKT/VHG/XXVI/BNR/BNR_00154/fname_739436.pdf (Stand: 02.04.2019).
[153] Vgl Parlament, Parlamentskorrespondenz Nr 261 vom 14.03.2019, https://www.parlament.gv.at/PAKT/PR/JAHR_2019/PK0261/index.shtml (Stand: 29.03.2019).

der Arbeitnehmer weiterhin Anspruch auf diesen Urlaubstag. Weiters hat er für den bekannt gegebenen Tag außer dem Urlaubsentgelt Anspruch auf das für die geleistete Arbeit gebührende Entgelt, insgesamt daher das doppelte Entgelt, womit das Recht gemäß Abs. 1 erster Satz konsumiert ist.

(3) Abweichend von § 1 Abs. 2 Z 2 bis 9 gilt diese Bestimmung auch für diese Personen.

§ 33a (28) Bestimmungen in Normen der kollektiven Rechtsgestaltung, die nur für Arbeitnehmer, die den evangelischen Kirchen AB und HB, der Altkatholischen Kirche oder der Evangelisch-methodistischen Kirche angehören, Sonderregelungen für den Karfreitag vorsehen, sind unwirksam und künftig unzulässig. Dies gilt auch für Arbeitnehmer gemäß § 1 Abs. 2.

(29) Binnen drei Monaten nach Inkrafttreten dieses Bundesgesetzes kann der Arbeitnehmer einen Zeitpunkt für den Urlaubsantritt wählen, ohne die Frist gemäß § 7a einzuhalten. In diesem Fall hat der Arbeitnehmer den Zeitpunkt des Urlaubsantrittes frühestmöglich, spätestens aber zwei Wochen vor diesem Zeitpunkt dem Arbeitgeber bekannt zu geben.

Abbildung 5: Gesetzestext zum "persönlichen Feiertag" im ARG

Die Änderung des FRG bewirkte, dass im Art I § 1 der zweite Absatz gestrichen wurde, nachdem der Karfreitag im Sinne dieses Bundesgesetzes für Angehörige der Evangelischen Kirchen A.B. und H.B., der Altkatholischen Kirche und der Methodistenkirche als Feiertag galt. Er wurde dahingehend geändert: *„Für öffentlich Bedienstete, deren Dienstverhältnis bundesgesetzlich geregelt ist, sind § 7a und § 33a Abs. 29 Arbeitsruhegesetz – ARG, BGBl. Nr. 144/1983 idF BGBl. I Nr. 22/2019 – sinngemäß anzuwenden.“*[154]

Im Konkreten bedeuten diese Änderungen, dass der Karfreitag für alle Personen – unabhängig ihres Glaubens und ihrer Weltanschauung– als

[154] Feiertagsruhegesetz 1957 BGBl Nr 1957/153 – geändert durch das BGBl I 2019/22.

Feiertag gestrichen wurde. Im Gegenzug wurde ein „persönlicher Feiertag“ eingeführt. Dieser entspricht einem Tag aus dem jeweiligen Urlaubskontingent – es wurde kein zusätzlicher Urlaubstag geschaffen – den der Arbeitnehmer grundsätzlich nicht mit dem Arbeitgeber abstimmen muss, der einseitig gewählt werden kann, und somit eine Zustimmung des Arbeitgebers nicht erforderlich ist. Die bis jetzt bevorzugte Personengruppe müsste daher einen Urlaubstag verbrauchen, um am Karfreitag frei zu haben. Dieser „persönliche Feiertag“ beschränkt sich nicht auf einen bestimmten Tag oder eine bestimmte Zeit im Jahr. Er kann an jedem Tag des Jahres konsumiert werden. Sollten Arbeitnehmer verpflichtet sein, an einem Sonn- oder Feiertag zu arbeiten, so kann der „persönliche Feiertag“ auch an einem dieser Tage konsumiert werden.[155] Sollte der Arbeitgeber seinen Arbeitnehmer an seinem persönlich gewählten Feiertag, der an jedem Arbeitstag im Jahr liegen kann, dennoch aus dringlich betrieblichen Gründen benötigen, und kommt der Arbeitnehmer diesem Wunsch nach, so verfällt der Anspruch auf diesen Urlaubstag nicht, der Urlaubsgenuss kann zu einem anderen Zeitpunkt konsumiert werden.

Außerdem steht dem Arbeitnehmer neben dem Urlaubsgeld auch das für die geleistete Arbeit gebührende Entgelt, in Summe also das doppelte Entgelt zu. Sollten an diesem Tag Mehr- oder Überstunden anfallen, so sind diese dem Arbeitnehmer ebenso zu vergüten. Plant der Arbeitgeber an diesem Tag einen verkürzten Arbeitstag, was eine Reduktion des doppelten Entgelts bedeuten würde, so wäre dies vorab dem Arbeitnehmer bekanntzugeben. Das Anrecht auf den „persönlichen

---

[155] Vgl *Wiesinger*, ZAS 2019/29, 162.

Feiertag" ist jedoch verwirkt; der Urlaubstag muss in Abstimmung mit dem Arbeitgeber vereinbart / nachgeholt werden.[156]

Wie im § 7a ARG festgelegt, ist er „persönliche Feiertag" zumindest drei Monate vor Inanspruchnahme bzw Konsumation dem Arbeitgeber schriftlich bekanntzugeben. Dem Arbeitgeber steht kein Ablehnungsrecht zu. Wird die Frist jedoch nicht eingehalten bzw unterschritten, so kann der „persönliche Feiertag" durch den Arbeitgeber abgelehnt werden. Wird der freie Tag entsprechend den Grundsätzen des Urlaubsrechts dennoch gewährt, so verliert der Arbeitnehmer sein Recht auf die „einseitige" Festlegung nicht.[157] Im Jahr 2019 wurde die Frist, innerhalb der ersten drei Monate ab Inkrafttreten der Regelung, auf zwei Wochen verkürzt, um den Auflagen des EuGH bis zum Karfreitag nachzukommen.

Hinzu kommt, dass dieser Tag dem Arbeitnehmer nur einmal pro Urlaubsjahr zur Verfügung steht. Wird der „persönliche Feiertag" nicht konsumiert, verfällt dieser am Ende des Urlaubsjahres und kann nicht nachgeholt werden. Ein „Zusammensparen" von „persönlichen Feiertagen" zum aufeinanderfolgenden Verbrauch in einem Jahr ist demnach nicht möglich. Ebenso verhält es sich mit einem Vorgriff auf das nächste Urlaubsjahr. Dem gegenüber steht das Recht, seinen „persönlichen Feiertag" jährlich neu wählen und auf einen anderen Tag zu setzen. Interessant erscheint darüber hinaus die Feststellung, dass der „persönliche Feiertag" keiner Aliquotierung untersteht und somit bei einem unterjährigen Arbeitgeberwechsel, neuerlich vorhanden wäre. Sollte ein Arbeitnehmer seinen „persönlichen Feiertag" in eine Periode oder einen Tag einer bereits durch den Arbeitgeber bekanntgemachten Urlaubssperre legen, so hebelt die neue Regelung die Urlaubssperre nicht

---

[156] Vgl *Erler,* Der neue „persönliche Feiertag" als „Ersatz" für den Karfreitag!?, ÖZPR 2019/42, 68 (69).

[157] Ebd.

aus. Außerdem ist das einseitige Zurücktreten vom „persönlichen Feiertage“ durch den Arbeitnehmer teleologisch betrachtet grundsätzlich nicht zulässig, da der Arbeitgeber bereits Vorbereitungen getätigt haben könnte.[158]

Im Normalfall wird gem § 5 *Urlaubsgesetz* (UrlG) ein Urlaub durch eine mehrtägige Krankheit des Arbeitnehmers unterbrochen; ein expliziter Rücktritt vom Urlaub ist demnach nicht nötig. Wird somit der Arbeitnehmer an der Konsumation seines „persönlichen Feiertages“ durch Krankheit, Unglücksfall, Arbeitsunfall etc gehindert, und ist die Ursache mehrtägig, verfällt sein Anrecht darauf nicht. Stimmt der Arbeitgeber dem Wunsch seines Arbeitnehmers zu, an seinem gewählten „persönlichen Feiertag“ doch tätig zu werden, und erkrankt dieser, so gebührt ihm neben dem Urlaubsentgelt ebenso der Entgeltfortzahlungsanspruch, was zu einem doppelten Entgelt führt.[159]

Es wurde bereits angeführt, dass der Arbeitnehmer einen Anspruch auf seinen „persönlichen Feiertag“ hat. Es stellt sich Frage, ob einem Arbeitgeber das Recht zukommen könnte, in speziellen Fällen das „Urlaubsansuchen“ abzulehnen, beispielsweise, wenn ein, mehrere oder alle Arbeitnehmer eines Unternehmens am selben Tag ihren „persönlichen Feiertag“ wählen würden. Hierzu ist anzumerken, dass § 1295 Abs 2 ABGB Schadensersatz vorsieht, wenn jemand absichtlich und gegen die guten Sitten verstoßend mit dem Zweck einem anderen Schaden zuzufügen, auch wenn er dazu im Recht ist/war. Ebenso würde die Sittenwidrigkeit nach § 879 ABGB für die Möglichkeit der Ablehnung sprechen, und auch die Treuepflicht nach dem *Arbeitnehmervertragsgesetz* (ArbVG). Somit darf der Arbeitnehmer dem Arbeitgeber nicht absichtlich Schaden zufügen. In erster Linie ist in diesem

[158] Vgl *Glowacka*, Die neue Karfreitagslösung, ASoK 2019, 122.
[159] Ebd.

Fall jedoch der neue und speziell geschaffene § 7a ARB zu betrachten. Der Grundsatz *„lex specialis derogat lex generalis"* findet hier seine Anwendung. Gem dem Wortlaut in Abs 2, kann der Arbeitgeber die Arbeitsnehmer nur „ersuchen" ihren „persönlichen Feiertag" nicht zu nehmen. Kommen die sie dem „Ersuchen" nicht nach, bleibt kein Handlungsspielraum.

Auch bei gehäufter Inanspruchnahme und bei sich daraus ergebenden betrieblichen Schwierigkeiten bestehen keine weiteren rechtlichen Möglichkeiten für den Arbeitgeber. Andere Eingriffsmöglichkeiten sind nicht vorgesehen.[160] Nur aus der Tatsache, dass in einem Unternehmen alle Arbeitnehmer am selben Tag ihren „persönlichen Feiertag" genießen wollen, kann kein Rechtsmissbrauch abgeleitet werden, da sie ex lege dazu berechtigt sind und der Arbeitgeber sie nur „ersuchen" kann, dies nicht zu machen. Ein Missbrauch könnte lediglich dann in Betracht gezogen werden, wenn mit der Ankündigung des „persönlichen Feiertages" zeitgleich die Arbeitsleitung bei doppeltem Entgelt abgelehnt wird.[161] Somit könnte der „persönliche Feiertag" auch durchaus missbräulich verwendet werden.[162] Auf diese Thematik wird auch in Hinblick auf die besondere Treuepflicht der Beamten noch weiter unten eingegangen.

Mit der neuen Karfreitagsregelung sollte vom Gesetzgeber aus ein Kompromiss zwischen einer Angleichung nach oben und einer Nivellierung nach unten gefunden werden. Einerseits wurde der Karfreitag als Feiertag aus dem ARG gestrichen, andererseits wurde eine neue

---

[160] Vgl *Haider*, Karfreitag: Für kurze Zeit ein Feiertag für alle, ecolex 2019, 352 (354).
[161] Vgl *Erler*, ÖZPR 2019/42, 68.
[162] Vgl *Hummer*, http://www.eu-infothek.com/vom-halben-feiertag-am-karfreitag-zum-persoenlichen-feiertag-nach-eigener-wahl/ (Stand: 28.08.2019).

Möglichkeit zum einseitigen Urlaubsantritt geschaffen, die allen Arbeitnehmern, unabhängig der Religion, zugänglich ist.[163]

Die grundsätzlichen Regelungen zum „persönlichen Feiertag" abschließend gilt es noch festzuhalten, dass in der Bundesrepublik Deutschland beispielsweise, der Karfreitag nach wie vor einen gesetzlichen Feiertag darstellt.[164] Dieser ist durch die Sonn- und Feiertagsgesetze der Länder bundeseinheitlich geschützt.[165]Wird nun ein österreichischer Arbeitnehmer vorübergehend nach Deutschland entsendet, ändert sich das Arbeitsvertragsstatut nicht. Daher sind sowohl inländische Feiertage nach dem ARG als auch ausländische Feiertage als Eingriffsnormen zu qualifizieren. Aufgrund der Eingriffsnormenkumulation wäre hier ein Günstigkeitsvergleich anzuwenden, was dem Arbeitnehmer sämtliche Feiertage zukommen lässt. [166] Da der Karfreitag in Deutschland, wie erwähnt, bundesweit – über alle Ländergrenzen und Weltanschauungen hinweg – einen Feiertag darstellt, kommt es dort zu keiner Diskriminierung bestimmter Gruppen.

3.1.7 Erste Reaktionen auf den persönlichen Feiertag

Zuvor sollen jedoch einige Reaktionen der unterschiedlichsten Interessensgruppen, politischen Parteien und religiösen Vertreter angeführt werden, um die Zustimmung bzw Ablehnung zum „persönlichen Feiertag" zu demonstrieren.

---

[163] Vgl *Rohrer/Glowacka,* Karfreitag: Feiertagsentgelt für alle, EvBl 2019/124, 866.
[164] Anm: Der einzig bundesrechtlich festgelegte Feiertag in Deutschland ist der „Tag der Deutschen Einheit" am 3. Oktober. Alle anderen Feiertage werden durch die Länder festgelegt.
[165] Vgl Gesetz über den Schutz der Sonn- und Feiertage (Feiertagsgesetz – FTG), 21. Mai 1980, (BayRS II S172) BayRS 1131-3-I.
[166] Vgl *Geiblinger*, Das Feiertagsstatut bei der Entsendung in osteuropäische EU-Mitgliedsstaaten, ASoK 2019, 334.

Die *Österreichische Bischofskonferenz* begrüßte die vorgeschlagene Regelung. Somit könnten Evangelische weiterhin einen Feiertag begehen. Der katholischen Kirche sei es stets wichtig gewesen, dass die Evangelischen den Karfreitag als Feiertag abhalten können. Die Lösung sei ein Zeichen einer religionsfreundlichen Politik gerade im Blick auf die Minderheiten, so Generalsekretär Peter Schipka.[167]

Der damalige evangelische Bischof Michael Bünker sah die neue Variante als eine diskriminierungsfreie *„positive Lösung mit Wermutstropfen"*. Positiv wäre die Tatsache, dass die „halbe Feiertagsregel" vom Tisch sei und somit jeder Evangelische den Karfreitag als einen ganzen Feiertag nutzen kann. Hinzunehmen sei das Faktum, dass der selbstgewählte Feiertag aus dem bestehenden Urlaubskontingent zu nehmen sei.[168] „Empört und geschockt" hat der Kärntner Superintendent Manfred Sauer den „persönlichen Feiertag" kommentiert und sich verwundert über Bünkers Aussage gezeigt: *„Den Evangelischen wird ein Feiertag weggenommen. Das ist ein inakzeptabler Vorschlag. Wir sind um unseren Karfreitag betrogen worden."*[169] Bünker wandte sich daraufhin in einem Brief an alle Pfarrgemeinden und gab an, dass die von ihm positiv gesehenen Aspekte in dem unglücklichen Versuch als Zustimmung ausgelegt wurden und er somit falsch verstanden worden sei.[170] In weiterer Folge übergab Bischof Bünker dem Nationalratspräsidenten eine

---

[167] Vgl Erzdiözese Wien, Bischofskonferenz begrüßt neue Karfreitagsregelung der Regierung, https://www.erzdioezese-wien.at/site/home/nachrichten/article/72426.html (Stand: 26.02.19).

[168] Vgl Evangelisch-methodistische Kirche, Bünker zum ‚persönlichen Feiertag': Positive Lösung mit Wermutstropfen, http://www.emk.at/blog/buenker-zum-persoenlichen-feiertag-positive-loesung-mit-wermutstropfen (Stand: 03.09.2019).

[169] Kleine Zeitung, Kärntens Superintendent über Lösung empört und geschockt, https://www.kleinezeitung.at/kaernten/5586546/Karfreitag_Kaerntens-Superintendent-ist-ueber-Loesung-empoert-und (Stand: 03.09.2019).

[170] Vgl Evangelische Kirche, Karfreitag – Bischof Bünker wendet sich in Brief an alle Pfarrgemeinden, https://cdn.evang.at/wp-content/uploads/2019/03/190303_buenker_karfreitag_brief_pfarrgemeinden.pdf (Stand: 26.03.2019).

von 32.000 Menschen unterschriebene Petition, in der der Karfreitag als Feiertag für alle gefordert wurde.[171]

Auch die Vertreter der Methodisten- und der Altkatholischen Kirche gaben sich sehr verhalten und zeigten sich mit der Lösung nicht wirklich zufrieden. Ihnen sei etwas weggenommen worden, es handle sich um „Etikettenschwindel".[172]

Der vom zuständigen Minister während der Verhandlungen erwähnten Äußerung, es werden niemandem etwas weggenommen, konnte die evangelische Synode nicht folgen. Sie verabschiedete eine Resolution und forderte von der Bundesregierung, dem Parlament und den Landesregierungen:[173]

- Die Einführung des Karfreitags als gesetzlichen Feiertag für alle.
- Wenn dies nicht möglich ist, die Einführung eines zusätzlichen persönlich zu bestimmenden Feiertages.
- Die Beseitigung aller diskriminierenden Formulierungen in Ansehung der Evangelischen bei den neuen kollektivvertraglichen Vorschriften betreffend Karfreitag.
- Durch Novellierung gesetzlicher Verfahrensvorschriften in Hinkunft eine Beteiligung betroffener Kirchen und Religionsgesellschaften als Partei im Vorabentscheidungsverfahren vor dem Gerichtshof der Europäischen Union sicherzustellen.
- Im Rat der Europäischen Union sowie im Europäischen Parlament und gegenüber der Europäischen Kommission darauf zu drängen,

---

[171] Vgl ORF red, Bischof Bünker übergab Petition zu Karfreitag, https://orf.at/#/stories/3116826/ (Stand: 28.03.2019).

[172] Vgl Evangelisch-methodistische Kirche, Bünker zum persönlichen Feiertag, http://www.emk.at/blog/buenker-zum-persoenlichen-feiertag-positive-loesung-mit-wermutstropfen (Stand: 03.09.2019).

[173] Evangelische Kirche in Österreich, Synode verabschiedet Resolution zum Karfreitag, https://evang.at/synode-verabschiedet-resolution-zum-karfreitag/ (Stand: 09.03.2019).

dass im Sinne der Lissaboner Verträge endlich die Europäische Union der Europäischen Menschenrechtskonvention betritt und damit auch Urteile des EuGH über Antrag vom Europäischen Gerichtshof für Menschenrechte in Straßburg überprüft werden können.

Auch die *Fraktion Christlicher Gewerkschafterinnen und Gewerkschafter im ÖGB* (FCG) zeigte sich mit der Lösung nicht einverstanden, und schrieb in einer Aussendung von einem „faulen Kompromiss." Der Präsident der *Islamischen Glaubensgemeinschaft in Österreich* (IGGÖ), Ümit Vural, postete hingegen auf Facebook: *„Es klingt wie eine annehmbare und vernünftige Zwischenlösung, wobei man abwarten muss, wie sie sich in der Praxis bewährt."*[174]

Naturgemäß negativ wurde die Regelung von den Oppositionsparteien kommentiert. Die SPÖ-Bundesparteivorsitzende Pamela Rendi-Wagner bezeichnete diese als *„sehr skurill und bizarr"*. Das Ergebnis ist *„keine gemeinsame, vernünftige und tragfähige Lösung, sondern eine Verhöhnung aller Menschen dieses Landes und ein Kniefall vor der Wirtschaft."*[175] Daniela Holzinger von der Liste JETZT bloggte auf ihrer Homepage, dass die Regierung kreativ sei, wenn es darum gehe, den arbeitenden Menschen etwas wegzunehmen, und sie bezeichnet die Lösung als *„nett verpackten Urlaubsraub"*.[176] Auch die NEOS gaben sich

---

[174]Vgl ORF red, Karfreitag: Für IGGÖ ‚vernünftige Zwischenlösung', https://religion.orf.at/stories/2966925/ (Stand: 29.02.2019).

[175] OTS 0270, 27.02.2019, Karfreitag – Rendi-Wagner zu Regierung, Geben Sie den Menschen einen Feiertag zurück, https://www.ots.at/presseaussendung/OTS_20190227_OTS0270/karfreitag-rendi-wagner-zu-regierung-geben-sie-den-menschen-einen-feiertag-zurueck-den-sie-durch-ihre-harte-arbeit-verdient-haben (Stand: 03.09.2019).

[176] Vgl *Holzinger*, Holzinger zur neuen Karfreitagsregelung, Persönlicher Feiertag ist nett verpackter Urlaubsraub, http://daniela-holzinger.at/blog/Holzinger-zur-neuen-Karfreitagsregelung--%E2%80%9EPers%C3%B6nlicher-Feiertag-ist-nett-verpackter-Urlaubsraub%E2%80%9C_blogID-270 (Stand: 03.09.2019).

sehr zurückhaltend, *„Die jüngste Regelung ist schlicht und einfach verwirrend, nicht praktikabel und produziert Bürokratie.“*, so ihr Sozialsprecher Gerald Loacker.[177]
In die gleiche Kerbe schlug die AK-Präsidentin, Renate Anderl, und bezeichnete den „persönlichen Feiertag“ als die schlechteste aller Möglichkeiten“. Diese Variante produziere dienstrechtliches Chaos, Chaos in der Abrechnung und stelle einen Eingriff in die Grundrechte dar.[178] Da auch der ÖGB in der vorliegenden Regelung verfassungs- und europarechtliche Schwierigkeiten erkennen wollte, würde eine Klage dahingehend geprüft werden, so Bernhard Achitz.[179]
Die Regelung zum „persönlichen Feiertag“ wurde aber nicht von allen kritisch gesehen. Wesentlich positiver bzw optimistischer zeigten sich die Vertreter der Wirtschaft. Es sei positiv zu bewerten, dass die neuen Bestimmungen rasch gekommen seien, und vor allem, dass kein neuer Feiertag, der die Wirtschaft im harten internationalen Wettbewerb zusätzlich belasten würde, eingeführt wurde, hielt sinngemäß der Generalsekretär der IV, Christoph Neumayer, fest.[180] Unterstützung erhielt er in seiner Sichtweise von der WKO und deren Leiter Karlheinz Kopf, der darin einen *„vernünftigen Kompromiss und eine salomonische Lösung eines sehr komplexen Sachproblems“* sieht, welcher die Wirtschaft nicht überfordert. Dass die Läden und Geschäfte am Karfreitag, einem sehr umsatzstarken Tag im Handel, nicht geschlossen werden, war auch für

---

[177] OTS 0183, 26.02.2019, NEOS zu Karfreitagsregelung: Ein Feiertag für die Bürokratie, https://www.ots.at/presseaussendung/OTS_20190226_OTS0183/neos-zu-karfreitagsregelung-ein-feiertag-fuer-die-buerokratie (Stand: 03.09.2019).
[178] Vgl Arbeiterkammer, Anderl: Die Regierung nimmt den Menschen einen Feiertag weg, https://www.arbeiterkammer.at/interessenvertretung/arbeitundsoziales/karfreitag/Die_Regierung_nimmt_den_Menschen_einen_Feiertag_weg.html (Stand: 05.03.2019).
[179] Vgl ÖGB, Karfreitag: Gewerkschaft prüft rechtliche Schritte, https://www.oegb.at/cms/S06/S06_0.a/1342606689274/home/karfreitag-gewerkschaft-prueft-rechtliche-schritte?d=Touch (Stand: 03.09.2019).
[180] OTS 0182, 26.02.2019, Industrie: Bei Karfreitags-Lösung auf betriebliche Abläufe achten, https://www.ots.at/presseaussendung/OTS_20190226_OTS0182/industrie-bei-karfreitags-loesung-auf-betriebliche-ablaeufe-achten (Stand: 27.03.2019).

den Obmann der Bundessparte Handel, Peter Buchmüller, zufriedenstellend.[181]

Aufgrund der zeitlichen Nähe der Präsentation der neuen Regelung zum „persönlichen Feiertag" durch die Regierung mit dem Karfreitag an sich, kehrte weder medial, politisch noch religiös Ruhe ein. Der „Protest" von Seiten der Evangelischen Kirche war am stärksten. Vor allem auf den Vorschlag des Präsidenten der IV Georg Kapsch hin. Er verfolgte den Denkansatz, die Feiertage in Österreich generell abzuschaffen und in Urlaubstage umzuwandeln. Somit würde keinem etwas weggenommen werden, und jeder könnte selbst entscheiden, ob er zu religiösen Festen frei nimmt oder nicht.[182] Bischof Bünker warnte in Folge davor, Feiertage zu privatisieren,[183] wofür er Unterstützung vom katholischen Pastoraltheologen Paul Zulehner erhielt: *„Wir sollten sehr gut achtgeben, ob wir nicht einen massiven kulturellen Verlust erleiden, wenn wir die Feiertagskultur völlig privatisieren und zu einem Urlaubsanspruch machen."*[184]

Zu wahren Protestaktionen kam es schließlich am 19. April 2019, am Karfreitag. Vertreter der Evangelischen Kirchen A.B. und H.B sowie der Methodisten und Altkatholiken versammelten sich in der Wiener Innenstadt, um ihrem Unmut über die neuen Bestimmungen Ausdruck zu verleihen. Die Demonstration wandte sich direkt gegen die Regierung und den Kanzler, der in einer Aussage 96 % der Bevölkerung davon nicht

---

[181] Vgl ORF red, Karfreitag kein Feiertag mehr, https://orf.at/stories/3113055/ (Stand: 03.09.2019).

[182] Vgl Kleine Zeitung, Karfreitag: IV-Chef Kapsch will Feiertage abschaffen, https://www.kleinezeitung.at/wirtschaft/5592634/Persoenliche-Meinung_Karfreitag_IVChef-Kapsch-will-Feiertage (Stand: 04.09.2019).

[183] Vgl ORF red, Bünker warnt vor ‚Privatisierung' von Feiertagen, https://religion.orf.at/stories/2975944/ (Stand: 17.04.2019).

[184] Erzdiözese Wien, Zulehner zum Karfreitag: Religion nicht privatisieren, https://www.erzdioezese-wien.at/site/home/nachrichten/article/72598.html (Stand: 04.09.2019).

betroffen sah. Matthias Geist, der Wiener Superintendent, leitete daraus eine vernachlässigbare Minderheit der Evangelischen ab. Doch sollte jeder Minderheit das Recht zugestanden werden, in einer offenen Gesellschaft ihren Glauben öffentlich zu leben. Auch in anderen Bundesländern kam es durch Mahnläuten der Kirchenglocken sowie durch Todesanzeigen von Jesus von Nazareth zu Aufrufen an die Bevölkerung.[185] Auch die SPÖ hat mit ihrer Parteichefin und dem Bundesgeschäftsführer an einer Kundgebung teilgenommen.[186]

„Persönlicher Feiertag für Karfreitag lässt alle kalt", so titelte eine österreichische Tageszeitung. Das Interesse, sich am Freitag vor Ostern frei zu nehmen, stieß auf wenig Interesse. Beim Stromerzeuger *Verbund*, der in Österreich 2.820 Mitarbeiter beschäftigt, haben 20 Personen um einen persönlichen Feiertag angesucht. Beim Mineralölkonzern *OMV* mit 3.200 Beschäftigten waren es drei Ansuchen. Im Finanzbereich gab es bei der *Erste Bank* keinen Antrag, und bei der *Bank Austria* wurde die Nachfrage mit einem „sehr geringen Ausmaß" beschrieben. Ähnlich verhielt es sich im Handelsunternehmen *Hartlauer*, und auch *XXXLutz* beobachtete eine medial größere Aufregung als in der Realität. *Fussl*-Chef Ernst Mayer formulierte die Situation folgendermaßen: *„In die Messe gehen und arbeiten lassen sich bestens vereinbaren."*[187]
Diese Situation bestätigte die *AK-Steiermark* und die evangelische Superintendentur in Kärnten, wonach es von 48.000 Gläubigen nur einige Anfragen gab. Unterschiedlich stellte sich die Auslegung der neuen

---

[185] Vgl ORF red, Kirchen protestieren gegen Feiertagsstreichung, https://religion.orf.at/stories/2977008/ (Stand: 19.04.2019).
[186] Vgl ORF red, Karfreitag: Friedlicher Protest der Kirchen, https://religion.orf.at/stories/2976495/ (Stand: 17.04.2019).
[187] Vgl Der Standard, Persönlicher Feiertag für Karfreitag lässt alle kalt, https://www.derstandard.at/story/2000100678031/persoenlicher-feiertag-fuer-karfreitag-laesst-alle-kalt (Stand: 03.04.2019).

Karfreitagsregelung bei den Landesbediensteten dar. Während im Burgenland alle Mitarbeiter der 171 Gemeinden frei hatten, stand der öffentliche Dienst im Land Salzburg nicht still, und gem Kärntner Statuten war die Frist für die Beantragung eines Urlaubstages zu kurz. Unterschiedlich war auch das Verhalten auf Gemeindeebene. In Mödling hatten alle Gemeindebediensteten frei, in Linz wurde die Karfreitags-Regelung umgesetzt.[188] Eine ähnliche Ablehnung des „persönlichen Feiertags“ stellte ferner der ÖGB mittels einer Facebook Umfrage fest. Ihr zufolge stimmten 82 % mit „NEIN, ich habe mir am Karfreitag NICHT freigenommen“. Darüber hinaus gab der Bericht an, dass sich in den steirischen Kages-Spitälern von 19.000 Bediensteten nur rund 30 Mitarbeiter diesen „Urlaubstag“ nahmen.[189]

Die Begründung dafür mag der Tatsache geschuldet sein, dass immer weniger Menschen an Gott glauben. „Gott wird nicht mehr gebraucht“, das bestätigt eine repräsentative Umfrage vom April 2019. Nur 55 % der Befragten glaubten demzufolge noch an Gott. Im Jahr 2005 lag der Anteil noch bei 66 %. Auch im Kreis der Katholiken nahm das Quantum von 85 % auf 75 % ab. Unter den Protestanten sank der Wert im Vergleichszeitraum von 79 % auf 67 % noch stärker. Dennoch ist das spirituelle Interesse größer geworden. 66 % der Befragten gaben sich von der Existenz von Wundern überzeugt. Den Rückgang und das Desinteresse begründet ein Experte für anthropologische Psychologie mit

---

188 Vgl ORF red, Persönlicher Karfreitag als Fleckerlteppich, https://oesterreich.orf.at/v2/stories/2976600/ (Stand: 18.04.2019).
189 Vgl ÖGB, Karfreitag nicht frei, https://www.oegb.at/cms/S06/S06_0.a/1342609743075/home/karfreitag-nicht-frei?d=Touch (Stand: 05.09.2019).

einer oft zu beamtenhaften und pädagogisierenden Institution der Kirche.[190]

Die angeführten Zahlen lassen sich durch eine Umfrage des *Instituts für Jugendkulturforschung* bestätigen. Der Erhebung zufolge gehen 45 % der Zehn- bis 19-Jährigen beim Thema „Religion“ emotional auf Distanz. Für sieben Prozent der Jugendlichen spielt Religion überhaupt keine Rolle, und ein Drittel hat keine religiös-weltanschauliche Heimat. Die Anzahl der Jugendlichen ohne Bekenntnis und jener der „Taufschein-Christen“ nimmt zu. Die Amtskirche wird gesellschaftlich nicht mehr als Einflussgröße gesehen. Der Trend zeigt in Richtung „individualisierte Religiosität“ und „Religion ist Privatsache“.[191] Ein, wenn nicht der Hauptgrund dafür, liegt in der Bildung. Ein wichtiger Faktor, der Menschen gläubig macht, sei die Unsicherheit. *„Wenn man nicht weiß, was die nächsten Tage bringen, sucht man in der Religion Zuflucht. Wenn man sich so sicher ist wie wir in der westlichen Welt, braucht man Religion viel weniger.“*, meint der Religionssoziologe Jörg Stolz.[192]

Der Ablauf der Osterzeit löste die Diskussionen bzw Debatten um den „persönlichen Feiertag“ jedoch nicht auf. Im Mai 2019 wurde Michael Chalupka zum Nachfolger von Bischof Bünker gewählt. Chalupka wies bei seiner Antrittsrede vor der Synode darauf hin, dass *„viel Porzellan*

---

[190] Vgl *Pieper*, Spiegel online, Immer weniger Deutsche glauben an Gott, https://www.spiegel.de/panorama/gesellschaft/christen-an-ostern-immer-weniger-deutsche-glauben-an-gott-a-1263630.html (Stand: 04.09.2019).
[191] Vgl ORF red, Studie: Jugend kann mit Religion wenig anfangen, https://religion.orf.at/stories/2976134/ (Stand: 16.04.2019).
[192] Kurier, Die Zukunft des Glaubens, https://kurier.at/leben/die-zukunft-des-glaubens/103.436.387 (Stand: 04.09.2019).

zerschlagen worden" sei. Er bot der Bundesregierung neue Gespräche an, erwartete sich von der Gegenseite aber auch Schritte.[193]

Für eine Reform der umstrittenen Karfreitagsregelung machte sich im Juni, nach dem Scheitern der ÖVP-FPÖ-Regierung, der steirische Landeshauptmann Hermann Schützenhöfer stark. Er halte die Regelung für verunglückt, und es sei falsch, einer Gruppe, die in Österreich Tradition hat, ihren höchsten Feiertag zu nehmen. Umgehend nahmen die politischen Parteien zur Aussage Schützenhöfers Stellung. SPÖ-Chefin Rendi-Wagner bezeichnete die gegenwärtige Variante als respektlos und ungerecht. Eine Lösung wäre in greifbarer Nähe, sofern die ÖVP es ernst meine. Auch die Sozialsprecherin der Liste JETZT begrüßte den Vorschlag und fügte hinzu, dass die ehemaligen Regierungspartner *„wie ein verlängerter Arm von Wirtschaftskammer und Industriellenvereinigung"* agierten. Der ÖVP-Klub konterte, indem er die Aufkündigung von Regierungsbeschlüssen verneinte.[194]

Gerade von Seiten der Evangelischen Kirche wurde die Diskussion rund um den Karfreitag nicht ad acta gelegt. Im Juni 2019 äußerte sich der Theologe Martin Fischer, Mitarbeiter im Kultusamt der Evangelischen Kirche, im Rahmen einer Diskussionsveranstaltung an der Universität Wien, dass das Verhältnis zwischen Evangelischer Kirche und Staat „schon besser gewesen" sei. Die Feiertagsfrage sollte nicht auf arbeitsrechtliche Aspekte reduziert werden. *„Ein religiöser Feiertag ist per definitionem kein Urlaubstag, das sollte nicht nur theologisch klar sein."*, so Fischer. Außerdem werde gerade an rechtlichen Schritten gearbeitet.[195]

---

[193] Vgl ORF red, Chalupka will weiter über Karfreitag reden, https://religion.orf.at/stories/2979870/ (Stand: 07.05.2019).

[194] Vgl Kronen Zeitung, Karfreitag: Schützenhöfer will Feiertag für alle, https://www.krone.at/1937567 (Stand: 24.06.2019).

[195] Vgl Evangelische Kirche in Österreich, Fischer: Identitätswunde der Evangelischen liegt wieder offen,

Dies bestätigt auch Bischof Bünker bei einem Medienempfang. Sollte eine Lösung am Verhandlungsweg nicht erzielt werden können, werde die Evangelische Kirche die derzeit „hatscherte“ Variante mit einer Verfassungsklage, die so gut wie einreichfertig sei, bekämpfen.[196]

Parallel dazu bereitete ebenso der ÖGB eine Klage gegen die Neuregelung des Karfreitags vor. Nach der Erstellung eines Gutachtens – welches die Änderung unverhältnismäßig und rechtlich problematisch deklariert – wurde diese Vorgehensweise im Vorstand einstimmig beschlossen. Das konkrete Procedere wäre noch festzulegen.[197] Hierzu sei angemerkt, dass im Vorfeld der Nationalratswahl im September 2019 der ÖGB allen wahlwerbenden Parteien 81 Fragen zukommen ließ, um festzustellen, welche Partei die Interessen des ÖGB und somit der Arbeitnehmer unterstütze. Eine den „persönlichen Feiertag“ respektive Karfreitag betreffende war nicht im Kompendium enthalten.[198]

In der Phase des Wahlkampfes hat auch die Evangelische Kirche den Kampf um den Karfreitag noch nicht aufgegeben. Es gelte gemeinsam mit den Sozialpartnern und den anderen Religionsgemeinschaften eine gute Lösung zu finden, gab Bischof Bünker vor seinem Abschied bekannt. *„Dieses völlige Privatisieren und Individualisieren ist nicht der Sinn der religiösen Feiertagsregelung. Dass man den Tag aus dem eigenen Urlaub nehmen muss, ist eigentlich auch ein Widerspruch in sich selbst.“*[199]

---

https://evang.at/fischer-identitaetswunde-der-evangelischen-liegt-wieder-offen/ (Stand: 14.06.2019).

196 Vgl Kurier, Karfreitag: Verfassungsklage liegt in der Schublade, https://kurier.at/politik/inland/karfreitag-verfassungsklage-liegt-in-der-schublade/400534249 (Stand: 26.06.2019).

197 Vgl ÖGB, ÖGB bereitet Klage gegen Karfreitagsregelung vor, https://www.oegb.at/cms/S06/S06_0.a/1342610972887/home/oegb-bereitet-klage-gegen-karfreitagsregelung-vor?d=Touch (Stand: 15.05.2019).

198 Vgl ÖGB, Nationalratswahl 2019, https://www.oegb.at/cms/S06/S06_0.a/1342616314687/home/nationalratswahl-2019 (Stand: 05.09.2019).

199 Katholische Kirche, Bünker: Einsatz für freien Karfreitag geht weiter, https://www.katholisch.at/aktuelles/127012/buenker-einsatz-fuer-freien-karfreitag-geht-weiter (Stand: 30.08.2019).

Aus Sicht des Verfassers ist nach derzeitigem Stand in der Frage um die Lösung der Karfreitags-Problematik noch alles offen. Ob die aktuelle Variante auch hinkünftig Gültigkeit besitzen wird, hängt einerseits von der sich neu zu konstituierenden Regierung ab, andererseits von der Frage, ob es im Zuges des jüdischen Versöhnungstages wiederum zu Klagen von Arbeitnehmern kommen wird, und schlussendlich welche Maßnahmen die Sozialpartner oder Kirchenvertreter setzen werden.

3.1.8 Fazit

Chronologisch zusammengefasst stellt sich die Karfreitags-Thematik wie folgt dar:

- Basierend auf einem Generalkollektivvertrag aus dem Jahr 1952 war für Angehörige der Evangelischen Kirche A.B. und H.B., der Methodisten und der Altkatholischen Kirche der Karfreitag als Feiertag festgelegt. Somit hatte ein Arbeitnehmer dieser Glaubensrichtungen, sollte er an diesem Tag zu einer Arbeitsleistung herangezogen werden, gem ARG den Anspruch auf doppeltes Entgelt.
- Im Jahr 2015 klagte ein konfessionsloser Mitarbeiter eines privaten Unternehmens mit der Unterstützung der AK auf entgangenes Feiertagsentgelt, da seiner Ansicht nach die Regelung gegen die Gleichbehandlungsrichtlinie
RL 2000/78/EG verstieß, wonach es zu keiner Diskriminierung wegen der Religion im Beruf kommen darf.
- Nachdem das Verfahren die nationalen Instanzen der ordentlichen Gerichtsbarkeit in Österreich durchlaufen hatte, wandte sich der OGH im Zuge eines Vorabentscheidungsverfahrens 2017 an den

EuGH. Die Große Kammer ging mit dem Generalanwalt und seinem Schlussantrag inhaltlich grundsätzlich d'accord und urteilte im Jänner 2019, dass die derzeitige Regelung unionsrechtlich eine Diskriminierung darstelle. Das Urteil des EuGH, welches eine rückwirkende Geltung besitzt, forderte Österreich auf, eine diskriminierungsfreie Bestimmung bis zum nächsten Karfreitag (19. April 2019) zu erlassen. Die Klage des Arbeitnehmers wurde an die erste Instanz zurückverwiesen. Arbeitnehmer und Arbeitgeber einigten sich; das Verfahren wurde Ende August 2019 eingestellt.

- Die österreichische Bundesregierung stand nun unter Zugzwang, da diese Problematik innerhalb weniger Wochen einer Lösung zugeführt werden musste. Es kam zu Gesprächen mit den verschiedenen Stakeholdern und es wurden diverseste Möglichkeiten ausgearbeitet, für die es unterschiedliche Zustimmungen und Ablehnungen gab. Auch in der Medienlandschaft rückte die Karfreitags-Diskussion in den Vordergrund.
- Mitte Februar wurde die gewählte Variante präsentiert. Der Karfreitag sollte für alle Arbeitnehmer ein „halber" Feiertag werden. Da die Reaktionen der unterschiedlichen Interessensverbände grundsätzlich negativ ausfielen, musste ein neuer Ausweg gefunden werden. Am 26. Februar 2019 wurde die Alternative in Form des „persönlichen Feiertages" vorgestellt. Somit wurde der freie Karfreitag für die eingangs erwähnten Glaubensrichtungen gestrichen, jedoch hätten alle Arbeitnehmer und Bedienstete Anspruch auf einen selbstgewählten Feiertag, der nicht mit dem Arbeit- / Dienstgeber verhandelt werden müsste. Sollte der Arbeitnehmer dennoch seine Arbeit antreten, gebühre ihm das doppelte Entgelt.

- Wirtschaft und Handel zeigten sich sehr zufrieden, da kein neuer Feiertag eingeführt wurde. Für die katholische Kirche war es ebenfalls ein Gewinn, da sie keinen Feiertag verloren bzw keinen eintauschen mussten. Für die Arbeitnehmervertreter, für die politische Opposition und vor allem für die Evangelische Kirche war es eine Niederlage, da sie einerseits keinen zusätzlichen Feiertag lukrieren konnten bzw ihnen sogar einer weggenommen wurde. Die Arbeitnehmer, gleichgültig welcher Religionsgemeinschaft, sahen die neuen Bestimmungen relativ gelassen. Nur wenige machten vom „persönlichen Feiertag" Gebrauch.

Aus juristischem Blickwinkel lässt sich bisher grob festhalten:

- Klage einer natürlichen Person gegen eine Regelung aus dem Generalkollektivvertrag 1952/1953 beim Arbeits- und Sozialgericht unter Berufung auf die europäische Gleichbehandlungsrichtlinie RL 2000/78/EG
- Nach Durchlaufen des Instanzenzuges Einleitung eines Vorabentscheidungsverfahrens des OGH beim EuGH zur unionsrechtlichen Prüfung
- Urteil des EuGH, wonach die nationalen österreichischen Bestimmungen den Regelungen der EU nicht entsprechen und somit – dem Vorrangprinzip folgend – angepasst werden müssen
- Infolgedessen Änderung des ARG und des FRG, sowie der Generalkollektivverträge und zusätzlicher Bestimmungen in den Ressorts und Wirtschaftssparten
- Zusätzlicher Einfluss ua von und auf das ABGB, ARG, ArbVG, UrlG

- Mögliche Folgeklagen beim Verfassungsgerichtshof bzw im Zuge des jüdischen Versöhnungstages auf Gleichbehandlung

3.2 Die Karfreitagsregelung im Österreichischen Bundesheer

Nachdem im vorigen Kapitel der Weg vom Vorabentscheidungsverfahren über die Regelungen zum „persönlichen Feiertag" und die damit verbundenen Auswirkungen dargestellt wurde, wird in diesem Abschnitt die Situation im Österreichischen Bundesheer beleuchtet.
Dabei wird ein genereller Überblick über die Personalsituation, die Religionszugehörigkeiten sowie die gesetzlichen Bestimmungen gegeben. Weiters wird auf die Umsetzung der Karfreitagsregelung und die damit einhergehenden Änderungen eingegangen, sowie auf die Konsequenzen und Auswirkungen verwiesen.

3.2.1 Darstellung der allgemeinen Situation

Eingangs ist festzuhalten, dass grundsätzlich zwischen dem Terminus *Österreichisches Bundesheer* (ÖBH) und jenem des *Bundesministeriums für Landesverteidigung* (BMLV) zu unterscheiden ist.
Nach Art 20 Abs 1 B-VG wird die Verwaltung unter der Leitung der obersten Organe des Bundes geführt. Laut Art 69 Abs 1 B-VG gelten die Bundesminister als oberste Verwaltungsorgane, die sich nach Art 77 Abs 1 B-VG bei der Besorgung der Bundesverwaltung der Bundesministerien und der ihnen unterstellten Ämter bedienen. Für das Verteidigungsressort ergibt sich daraus die völlige organisatorische Trennung der Organisationseinheiten „Zentralstelle" (als behördlicher „Hilfsapparat" des obersten Verwaltungsorganes „Bundesminister") und „Bundesheer" (als der der Zentralstelle unterstellte Bereich). Der Begriff „Bundesheer" wurde

mit dem Gesetz vom 1. Oktober 1920, womit die Republik Österreich als Bundesstaat eingerichtet wird (Bundes-Verfassungsgesetz), BGBl. Nr. 1/1920, in die österreichische Rechtsordnung eingeführt. Der Begriff des Bundesheeres ist daher zunächst nichts anderes als die verfassungsrechtliche Bezeichnung für die bewaffnete Streitmacht der Republik Österreich. Für das Bundesheer gelten grundsätzlich die Bestimmungen für die allgemeine Verwaltung. Die Aufgaben des Bundesheeres sind unmittelbar und abschließend im Art 79 B-VG geregelt. Als primäre und originäre Kernaufgabe ist die „militärische Landesverteidigung" festgelegt.[200]

Da sich die in dieser Arbeit angeführten gesetzlichen Bestimmungen, die erhobenen Daten und die Folgen des Urteils auf das gesamte Verteidigungsressort beziehen, wird der Einfachheit halber im Weiteren die Abkürzung „ÖBH" verwendet.

Des Weiteren kommt es in dieser Arbeit zu einer Zusammenführung der Personen, die dem Präsenzstand angehören, und jener der Heeresverwaltung. Das Augenmerk liegt zudem auf jenem Personenkreis, die dem Ressort aufgrund eines Dienstverhältnisses angehören. Die Art des Dienstverhältnisses – öffentlich-rechtlich oder vertraglich – bleibt unterscheidungsfrei. Hier kommt es außerdem zu einer Vereinheitlichung hinsichtlich der Besoldungsgruppen. Beamten des Allgemeinen Verwaltungsdienstes, Militärberufs-Offiziere oder Vertragsbedienstete werden, da die rechtlichen und dienstbetrieblichen Bestimmungen meist analog gelten, als „Bedienstete" geführt. Personen, die den Präsenzdienst oder Ausbildungsdienst leisten – oftmals als Rekruten bzw

[200] Vgl BMLVS, Bedeutung und Abgrenzung der Rechtsbegriffe „Bundesheer" und „Streitkräfte aus wehr- und völkerrechtlicher Sicht; 23.07.2009, GZ S91022/1-GrpRechtLeg/2009.

Grundwehrdiener bezeichnet – werden, wenn nötig, explizit angeführt und erwähnt.

3.2.2 Darstellung der personellen Situation

Zu Beginn werden, vor allem zum Zwecke des Vergleichs und der Einordnung, einige Zahlen, Daten und Fakten des Bundesdiensts angeführt.
In Österreich werden die öffentlichen Leistungen durch Bedienstete der Gebietskörperschaften – Bund, Länder, Gemeinden – erbracht. Der Öffentliche Dienst umfasst 352.426 Vollbeschäftigtenäquivalente (VBÄ) bzw ca 733.300 Personen, wovon 134.569 VBÄ explizit auf den Bundesdienst entfallen. Dies macht 15,9 % der erwerbstätigen Bevölkerung aus.[201] Im Jahr 2017 betrug der Anteil des Sach- und Personalaufwandes 35,0 % der Gesamtausgaben des Staates [Anm: jener finanzielle Aufwand, der den Kosten für das Personal des öffentlichen Dienstes entspricht). Davon entfielen 3,6 % auf den Bereich der Verteidigung.[202] Bezüglich der Personalverteilung zwischen den Ressorts ist anzumerken, dass der größte Sektor des öffentlichen Dienstes mit 34 % im Bereich der Bildung liegt. Die Landesverteidigung rangiert mit 15 % hinter der Inneren Sicherheit mit 26 % an dritter Stelle. Generell sind 91 % der Bediensteten in den den Ministerien (Schnittstelle zwischen Politik und Verwaltung) nachgeordneten Dienststellen tätig und

---

[201] Anm: An der Spitze der OECD Vergleichsstaaten liegt Norwegen mit 30,0 %. Am geringsten ist Zahl der öffentlichen Bediensteten in Japan mit 5,9 %. (Stand 2017).
[202] Anm: Ausgaben des Gesamtstaates 2017: € 181,2 Mrd., 45,3% davon ergingen in Form von monetären Sozialleistungen und sozialen Sachleistungen an private Haushalte. Vom angeführten Sach- und Personalaufwand (35% der Gesamtausgaben, ~ 63,4 Mrd. Euro), waren die Arbeitnehmerentgelte mit 29,6% im Bildungsbereich am höchsten, gefolgt vom Gesundheitswesen mit 23,8%.

für die Umsetzung der operativen Aufgaben der Bundesverwaltung verantwortlich. Im Ressort des Bildungsministeriums sind dies 39.864 VBÄ, und 31.844 VBÄ sind im Exekutivdienst abgebildet.[203]

Im Anschluss werden die Zahlen aus dem Bereich des Verteidigungsressorts angeführt. Diese sollen vorrangig dazu dienen, um zu zeigen, wie viele Personen von der neuen Karfreitagsregelung – dem „persönlichen Feiertag" – betroffen sind.[204] Aktuell sind im Ressort 13.645 militärische und weitere 7.330 zivile VBÄ abgebildet, was in Summe ein Zahl von 20.975 VBÄ ergibt. Darin sind alle Personengruppen mit einem Dienstverhältnis, vom Soldaten über den Vertragsbediensteten bis hin zum Beamten des Allgemeinen Verwaltungsdienstes, enthalten. In „Köpfen" ausgedrückt, entspricht dies einer Zahl von 15.959 Militärs sowie 7.677 Beamten und Vertragsbediensteten. Hinzu kommen ca. 6.300 Personen die den Grundwehr- oder Ausbildungsdienst leisten sowie weitere rund 250 Lehrlinge und Verwaltungspraktikanten.[205]

	Kopf	**VBÄ**
Militär		
Männer	15.364	13.237
Frauen	595	407
Summe	15.959	13.645
Zivil (Beamte u VB)		
Männer	5.483	5.347
Frauen	2.194	1.983
Summe	7.677	7.330
Gesamtsumme	**23.636**	**20.975**

Abbildung 6: Personalstand ÖBH - Aug 2019 (Eigendarstellung)

[203] Vgl Bundesministerium für öffentlichen Dienst und Sport, Personalbericht – Das Personal des Bundes 2018 – Daten und Fakten (2018).
[204] Anm: Die Zahlen werden vom Autor hinsichtlich Personalveränderungen oder Vergleich zu anderen Ressorts nicht bewertet.
[205] Vgl BMLV, Standesübersicht für 01.09.2019, 11.09.2019, GZ S91382/9-PersA/2019.

Zusammengefasst lässt sich festhalten, dass beinahe 24.000 Bedienstete im Verteidigungsressort von der Regelung zum „persönlichen Feiertag" betroffen sind bzw diesen in Anspruch nehmen könnten.

3.2.2 Darstellung der religiösen Situation

Um das Personalbild im Verteidigungsressort, vor allem in Hinblick auf diese Arbeit, umfassend darzustellen, erscheint es notwendig neben der personellen ebenfalls die religiöse Struktur bzw die Religionszugehörigkeit der Bediensteten anzuführen.

Gem Geschäftseinteilung der Zentralstelle[206] hat sich die *Präsidialabteilung* (Präs) in der Sektion I mit den Angelegenheiten der Militärseelsorge zu beschäftigen. Dem Sektionsleiter obliegt in nicht innerkirchlichen Angelegenheiten die Dienstaufsicht über das [Anm: röm.-kath.] *Militärordinariat* sowie über die *Evangelische Militärsuperintendentur*. Im System des ÖBH sind neben den bereits angeführten Glaubensrichtungen – welche auch organisatorisch abgebildet sind – folgende Kirchen vertreten: die Orthodoxe Militärseelsorge sowie die Islamische, Israelitische und Alevitische Glaubensgemeinschaft. Die zum Schluss Genannten verfügen über keine Struktur im ÖBH. Ihre seelsorgerische Tätigkeit wird auf Basis von Werkverträgen durchgeführt. Militärgeistliche der Röm.-Kath. Kirche sowie der Evangelischen Kirchen tragen Uniform und führen eigene Dienstgrade.[207]

---

[206] Vgl BMLV, Geschäftseinteilung für die Zentralstelle des BMLV, 18.07.19, GZ S90582/7-SI/2019.
[207] Vgl Verordnung des Bundesministers für Landesverteidigung über das Führen militärischer Dienstgrade (Dienstgradeverordnung 2018 – DGV 2018), BGBl II 2018/35.

Die Grundlagen für die religiöse Betreuung im ÖBH ist in Erlässen – nach Religionsgesellschaften getrennt – geregelt. Diese verweisen auf das StGG und die EMRK und das darin enthaltene Recht sich seinem Bekenntnis gem im Rahmen der Gesetze religiös zu betätigen. *„Die Ausübung des Religionsbekenntnisses sichert jedoch grundsätzlich kein Recht, sich staatsbürgerlichen Pflichten, wie insbesondere dem Wehrdienst, zu entziehen.“*,[208] daher ist auch eine streng orthodoxe Religions-ausübung kein Grund sich dem Wehrdienst zu entziehen.

Die Geschäftseinteilung sieht weiters vor, dass die Verantwortung über die Angelegenheiten der „Inneren Ordnung“ einschließlich der des „Dienstbetriebes“ im ÖBH bei der *Abteilung Menschenorientierte Führung und Wehrpolitik* (MFW) liegt.[209] Im Kontext zu dieser Arbeit beschäftigt sich MFW mit der Behandlung strenggläubig Angehöriger anerkannter Kirchen und Religionsgesellschaften sowie mit der „Zeitordnung“ für die der Zentralstelle nachgeordneten Dienststellen. Darin ist ua geregelt, dass eine Religionsausübung im Dienst möglich ist, sofern die militärische Auftragserfüllung nicht gefährdet ist bzw der Dienstbetrieb nicht unnötig verkompliziert wird. Für Angehörige anderer als der gesetzlich anerkannten Glaubensgemeinschaften sind grundsätzlich keine Regelungen für die Einberufung oder den Dienst im ÖBH getroffen. Die Kommandanten aller Ebenen sind jedoch auf die allgemeine

---

[208] BMLV, Evangelische Militärseelsorge, Richtlinien – Fassung 2016, 18.10.2016, GZ S90595/11-Präs/2016, VBl I 2016/73.

[209] Anm: Innere Ordnung ist das Regelwerk für Verhalten, Erscheinungsbild und Miteinander im Verteidigungsressort unter Berücksichtigung der eigenen Militärkultur. Sie umfasst Maßnahmen des Dienstbetriebes, die Berufspflichten, Verhaltensregeln, Traditionsverständnis und - pflege unter Berücksichtigung des Gleichstellungsgrundsatzes. Vgl *Thanner*, Grundzüge der Österreichischen Militärkultur (2018) 12 ff.

Fürsorgepflicht gem § 4 Abs 1 *Allgemeine Dienstvorschrift* (ADV)[210] hingewiesen.[211]

Der Wirkungskreis der MFW erstreckt sich somit nicht nur auf die Zentralstelle, sondern auf das gesamte ÖBH. Erlässe und Weisungen haben strategische Bedeutungen und Auswirkungen und geben Grundsätze im Dienstbetrieb vor. Daher ist die Abteilung in der dem Bundesminister direkt nachgeordneten Gruppe *Zentrum für Information und Wehrpolitik* angesiedelt. Der Einfluss bzw die Bedeutung soll durch die ua Graphik, welche die Gliederung der Zentralstelle auf oberster Ebene zeigt, verdeutlicht werden.[212]

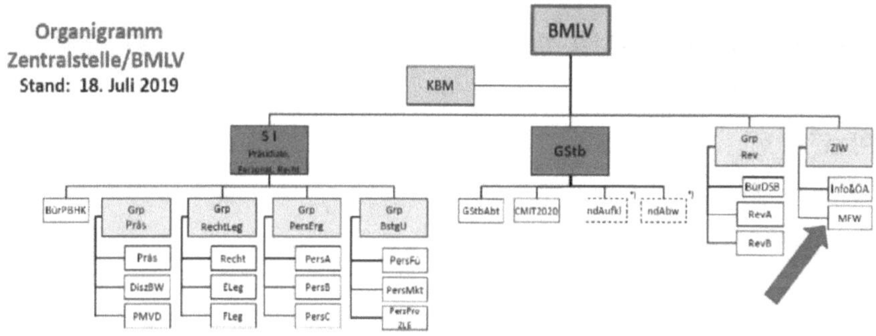

Abbildung 7: Organigramm der Zentralstelle BMLV

Aktuell sind in Österreich 16 Kirchen und Religionsgesellschaften gesetzlich anerkannt. Durch diese Anerkennung nehmen sie die Stellung einer Körperschaft des öffentlichen Rechts ein.[213] Genaue Zahlen über die

---

[210] Vgl Verordnung der Bundesregierung vom 9. Jänner 1979 über die Allgemeinen Dienstvorschriften für das Bundesheer (ADV), BGBl 1979/43.
[211] BMLV, Richtlinien für die Behandlung strenggläubig Angehöriger anerkannter Kirchen und Religionsgesellschaften, 31.08.2018, GZ S93109/4-MFW/2018, VBl I 2018/92.
[212] Anm: Das Organigramm ist in der oa Geschäftseinteilung des BMLV abgedruckt. Die dem Generalstab (GStb) unterstellten Sektionen werden hier nicht dargestellt.
[213] Vgl oesterreich.gv.at,

Religionszugehörigkeit der in Österreich lebenden Personen zu erhalten ist schwierig. Die letzte Volkszählung fand 2001 statt. Seitdem können die Zahlen nur mehr geschätzt werden. Der *Österreichische Integrationsfond* (ÖIF) hat diese Werte 2017 aktualisiert und, wie in der nachstehenden Graphik angeführt, festgelegt.[214] Demnach ist der Großteil der österreichischen Bevölkerung, die 2017 bei 8,77 Millionen lag [Anm: Der Wert hat sich zu Jahresanfang 2019 bereits auf geschätzte 8.858.775 erhöht.[215]], mit rund 59 % der röm.-kath. Religionsgemeinschaft zuzurechnen. An nächster Stelle, und somit zahlenmäßig die zweitgrößte Gruppe bilden mit beinahe 24 % Konfessionslose und Angehöriger diverser Glaubensrichtungen. Die nach den Katholiken zweitgrößte Glaubensrichtung sind die Muslime mit fast 8 %. Die orthodoxen Glaubensgemeinschaften umfassen ca 5,7 %, gefolgt von den Protestanten mit 3,4%. Mit 0,2 % ist die jüdische Gemeinde die kleinste der „großen" Religionsgesellschaften in Österreich.

---

https://www.oesterreich.gv.at/themen/leben_in_oesterreich/kirchenein_austritt_und_religionen/3/Seite.820015.html (Stand: 11.09.2019).

[214] Vgl Kurier, Religionen in Österreich, https://kurier.at/chronik/oesterreich/religionen-in-oesterreich-700-000-muslime-5-16-mio-katholiken/258.111.718 (Stand: 11.09.2019).

[215] Vgl Statistik Austria, Bevölkerung nach Alter und Geschlecht, https://www.statistik.at/wcm/idc/idcplg?IdcService=GET_PDF_FILE&RevisionSelectionMethod=LatestReleased&dDocName=023468 (Stand: 08.10.2019).

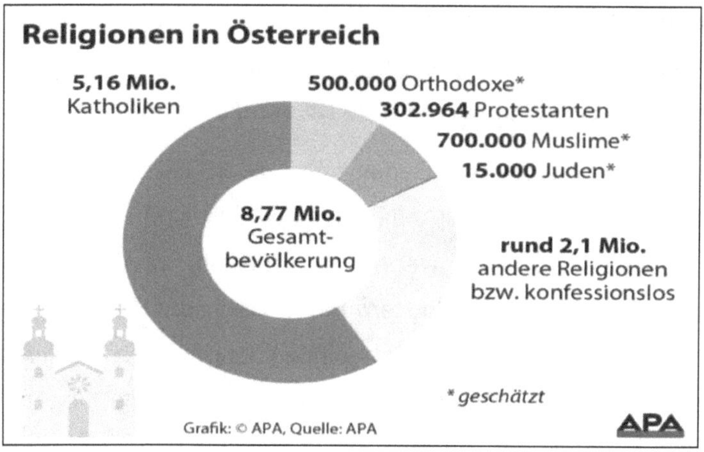

Abbildung 8: Religionen in Österreich

Eine exakte Abfrage bzw Erhebung der Religionszugehörigkeiten ist seit Wirksamkeit der *EU-Datenschutz-Grundverordnung* (DSGVO)[216] mit 25. Mai 2018 auch innerhalb des Ressorts nicht mehr möglich. Gem Art 9 der zitierten VO stellt das Merkmal der Religionszugehörigkeit ein „personenbezogenes Datum besonderer Kategorie" dar. Damit ist eine Verarbeitung der Information nur mit ausdrücklicher Einwilligung der betroffenen Person erlaubt.[217]

Eine Abfrage im September 2019 ergab, dass die Religionszugehörigkeit von mehr als 6.900 Bediensteten des Ressorts „unbekannt" ist, da sie ihre Zustimmung zur Speicherung und Verarbeitung dieses Charakteristikums nicht gegeben hatten. Daher greift der Autor auf Zahlen zurück, die im April 2018, noch vor Inkrafttreten der DSGVO erhoben wurden. Aufgrund

[216] Vgl Verordnung (EU) 2016/679 des Europäischen Parlaments und des Rates vom 27. April 2016 zum Schutz natürlicher Personen bei der Verarbeitung personenbezogener Daten, zum freien Datenverkehr und zur Aufhebung der Richtlinie 97/45/EG (Datenschutz-Grundverordnung), ABl L 119/1.
[217] Vgl BMLV, Richtlinie für den Datenschutz im BMLV, 17.12.2018, GZ S90181/10-Präs/2018, VBl I 2018/112.

des Datums sind dies Zahlen mit den Werten des ÖIF vergleichbarer. Da der Personalstand zum damaligen Zeitpunkt vom aktuellen nur geringfügig abweicht, können etwaige Differenzen vernachlässigt werden.

Demnach bekannten sich die Bediensteten zu 25 verschiedenen Kirchen und Religionsgesellschaften [Anm: Wie angeführt sind in Österreich „nur" 16 gesetzlich anerkannt]. Neben den bereits erwähnten sind ua Anglikaner, Buddhisten, Hinduisten, Mormonen oder Taoisten vertreten. Mit mehr als 19.000 (ca 80 %) stellten Angehörige des röm.-kath. Glaubens die größte Gruppe dar. An zweiter Stelle liegen – dem Österreich-Trend folgend – konfessionslose Beamte. Der Evangelischen und der Altkatholischen Kirche waren gemeinsam weniger als 1.300 Personen (ca fünf Prozent) zuzurechnen. Methodisten, als vierte Gruppe der ehemals durch den Generalkollektivvertrag Begünstigten, sind nicht vorhanden.[218] Nachfolgend ist ein vereinfachter Auszug über die vertretenen Glaubensrichtungen im ÖBH angeführt:[219]

Religion	Angehörige	Religion	Angehörige
Röm.-kath.	19.000	Buddhisten	14
Konfessionslos	2.600	Konfuzianismus	4
Evangelisch	1.260	Sikh	3
Muslimisch	200	Herrnhut	1
Orthodox	95	Unbekannt	600

Abbildung 9: Religionszugehörigkeiten im ÖBH (Eigendarstellung)

[218] Anm: Entgegen der weitverbreiteten Annahme stieg die Anzahl der Angehörigen muslimischen Glaubens im langjährigen Schnitt im Bereich der Grundwehrdiener nur geringfügig an. Innerhalb von zehn Jahren ist eine Steigerung um 1,5% nachvollziehbar. Dem gegenüber gehörten zum Erhebungszeitpunkt knapp 200 Bedienstete der Islamischen Glaubensgemeinschaft an. Dies entsprach einem relativen Wert von unter 1%.

[219] Anm: Die Zahlen entstammen einer im April 2018 getätigten Abfrage, die sich rein auf die Bediensteten des Ressorts bezog. Die angeführten Zahlen sind gerundet. Die angeführten Religionen sind zufällig gewählt und dienen der Demonstration der Vielfältigkeit.

Die ua Graphik zeigt die prozentuelle Verteilung der Religionszugehörigkeiten im Ressort im April 2018. Darin sind die Bediensteten mit den Grundwehrdienern und den Personen im Ausbildungsdienst zusammengefasst. Demnach entsprechen die relativen Zahlen annähernd jenen, die sich nur auf die Bediensteten beziehen. Im Vergleich zu den Werten von Gesamt-Österreich zeigt sich, dass die Anzahl der Katholiken höher ausfällt – ca 80 % im Ressort zu 59 % Österreich - die Zahl der Evangelischen mit fünf Prozent leicht über dem Bundesschnitt (3,5 %) liegt und die Angehörigen der islamischen Glaubensrichtung mit vier Prozentpunkten im Ressort die Hälfte im Österreich-Vergleich (ca 8 %) ausmacht.

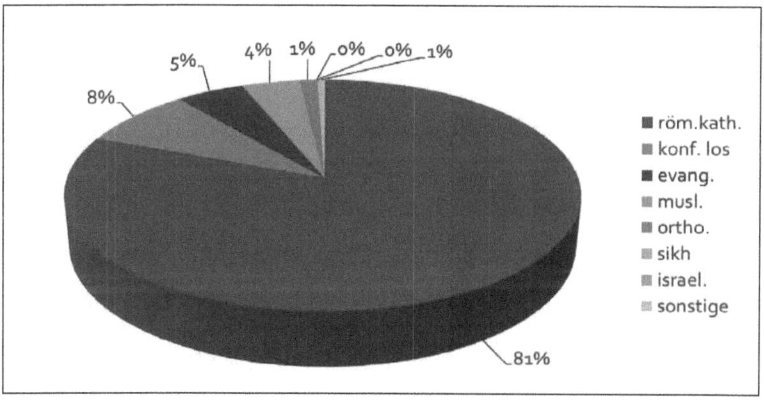

Abbildung 10: Prozentuelle Verteilung der Religionszugehörigkeiten im Ressort (Eigendarstellung)

Abschließend ist anzumerken, dass das ÖBH Richtlinien für die Behandlung strenggläubig Angehöriger staatlich anerkannter Kirchen und Religionsgesellschaften erlassen hat.[220] Diese gelten jedoch nur für Personen, die den Grundwehrdienst bzw Ausbildungsdienst leisten. Da

[220] BMLV, Richtlinien für die Behandlung strenggläubig Angehöriger anerkannter Kirchen und Religionsgesellschaften, 31.08.2018, GZ S93109/4-MFW/2018, VBl I 2018/92.

gem Art 9a Abs 3 B-VG in Österreich die allgemeine Wehrpflicht gilt, ist es notwendig für Personen, die ihrem Glauben in spezieller Form nachkommen wollen, die Grundlagen und Regelungen dafür zu schaffen. Mit Stand April 2018 gaben von über 7.500 Grundwehrdienern ca drei Prozent an, strenggläubig zu sein. Speziell im Bereich des militärischen Dienstbetriebes – Zeitordnung, Verpflegung etc – bleibt das Christentum die normgebende Religion, wiewohl Ausnahmebestimmungen zumeist gegeben sind.[221] Die Erfüllung des militärischen Auftrages und die Erfüllung der gesetzlichen Aufgaben stellen die oberste Prämisse dar.

3.2.4 Darstellung der dienstrechtlichen Situation

Infolge der personellen und der religiösen Situation im ÖBH wird im Weiteren die dienstrechtliche Situation in Hinsicht auf „Dienstzeit" und „Urlaub" dargestellt. Darauf aufbauend werden die Änderungen, die die Bestimmungen der Karfreitagsregelung mit sich bringen, erläutert.

Für alle Bediensteten, die einem öffentlich-rechtlichen Dienstverhältnis angehören, ist das *Beamten-Dienstrechtsgesetz 1979* (BDG)[222] anzuwenden, so auch für die Beamten im ÖBH. Wie erwähnt, beschränkt sich der Autor auf das BDG, da das VBG in diesen Punkten weitestgehend

---

[221] Anm: Erwähnenswert erscheint in diesem Zusammenhang, dass es gerade im vielleicht „persönlichsten" Bereich des Menschen, im Bestattungswesen, kaum Regelungen gibt, die über den röm.-kath. Glauben hinausgehen. Die entsprechenden Richtlinien *„sind beim Begräbnis eines Angehörigen eines anderen Bekenntnisses bzw. bei Soldaten ohne Bekenntnis sinngemäß anzuwenden."*
Vgl *Thanner*, Das militärische Leichen- und Bestattungswesen – Eine Beleuchtung der aktuellen Situation im Österreichischen Bundesheer (2019).

[222] Vgl Bundesgesetz vom 27. Juni 1979 über das Dienstrecht der Beamten (Beamten-Dienstrechtsgesetz 1979 – BDG 1979), BGBl 1979/333.

analog gestaltet ist. Ableitend bzw ergänzend zu den Gesetzestexten regeln Erlässe der Fachabteilungen, welche in Form von Verlautbarungsblättern kundgemacht werden, die Durchführungsbestimmungen im Detail.

Gem § 48 Abs 1 BDG beträgt die Wochendienstzeit des Beamten 40 Stunden. Auf Anordnung hat der Beamte über die im Dienstplan vorgeschriebenen Dienststunden hinaus Dienst zu versehen - § 49 Abs 1 leg cit. Diese Mehrdienstleistungen sind, sofern sie an Werktagen erbracht werden, grundsätzlich in Freizeit auszugleichen. Werden diese Mehrdienstleistungen an Sonn- oder Feiertagen geleistet, so sind diese Überstunden[223] laut § 49 Abs 2 u 3 BDG nicht in Freizeit auszugleichen. Die Abgeltung hat in finanzieller Form nach den besoldungsrechtlichen Vorschriften zu erfolgen.

Die konkrete finanzielle Abgeltung regelt das *Bundesgesetz über die Bezüge der Bundesbeamten* (GehG).[224] Demnach *„gebührt dem Beamten für jede Stunde der Dienstleistung an einem Sonn- oder gesetzlichen Feiertag an Stelle der Überstundenvergütung nach § 16 eine Sonn- und Feiertagsvergütung“*
(siehe § 17 Abs 1 GehG). Diese besteht aus der Grundvergütung und einem Zuschlag. Bis einschließlich der achten Stunde beträgt der Zuschlag 100 vH und ab der neunten Stunde 200 vH der Grundvergütung.

Diese Bestimmungen waren bis in das Jahr 2018 dezidiert auch für Angehörige der Evangelischen Kirchen, der Methodisten und der

---

[223] Anm: Eine Mehrdienstleistung wird erst durch ihre Qualität, entweder aufgrund des Zeitpunktes des Erbringens- per se an Sonn- oder Feiertag bzw bei Nachstunden zwischen 2200 Uhr und 0600 Uhr – oder durch die Abgeltung in finanzieller Form zur Überstunde. Sollte eine Mehrdienstleistung innerhalb von sechs Monaten nicht in Form des Freizeitausgleiches – nach dem Quartalssprung im Verhältnis 1:1,5 – abgegolten werden, ist sie ebenfalls zu besolden.

[224] Vgl Bundesgesetz vom 29. Feber 1956 über die Bezüge der Bundesbeamten (Gehaltsgesetz 1956 – GehG), BGBl 1956/54.

Altkatholischen Kirche anzuwenden, sofern sie am Karfreitag Dienst geleistet hatten. Die Wahrscheinlichkeit jedoch, dass ein Bediensteter am Karfreitag die Dienstleistung von acht Stunden überschritt – sofern er sich nicht im Schicht- und Wechseldienst befand oder einen Journaldienst leistete – war äußerst gering. Dies war einem Ministerratsbeschluss unter dem damaligen ÖVP-Bundeskanzler Alfons Gorbach aus dem Jahr 1963 geschuldet. Damit wurden Bundesdienststellen ermächtigt, den Dienstbetrieb jeweils am Karfreitag ab 12.00 Uhr mittags, soweit es aus Dienstesrücksichten zulässig ist, auf einen Journaldienst zu beschränken. Ferner wurde festgestellt, dass eine Überstundenentschädigung für Bedienstete, die aus dienstlichen Gründen in der angeführten Zeit Dienst versehen müssten, nicht gewährt wird.[225] Hierzu ist anzumerken, dass sich in diesem Fall der Terminus „Überstundenentschädigung" als nicht eindeutig zutreffend erweist. Bedienstete der religiös privilegierten Gruppen haben, sofern sie tatsächlich Dienst versahen und nicht, dem Generalkollektivvertrag aus 1956 folgend, ihren Feiertag genossen, diese Entschädigung sehr wohl erhalten. Mit diesem Passus war gemeint, dass Bedienstete, die im Rahmen ihrer Normaldienstzeit – gem den aktuellen Bestimmungen in der Zentralstelle[226] von 08.00 Uhr bis 16.00 Uhr Dienst versahen – für die Nachmittagsstunden keine Abgeltung erhielten.

---

[225] Vgl Bundeskanzleramt, Vortrag an den Ministerrat, Dienstbetrieb bei den Bundesdienststellen zu den Osterfeiertagen, Zl 33.225-3/63, 08.03.1963.
Anm: Bereits im Jänner 1956 wurde durch den Ministerrat beschlossen, dass für die Dienststellen des Bundes ausschließlich an den im § 1 des Feiertagsruhegesetzes 1945 festgelegten Feiertagen Arbeitsruhe gilt. Landes- oder Sonderfeiertage haben keine Auswirkung. Eine Genehmigung bzw Anordnung einer darüber hinaus gehenden Arbeitsruhe obliegt einzig einem Beschluss der Bundesregierung.
Vgl Bundeskanzleramt, Vortrag an den Ministerrat, Arbeitsruhe im öffentlichen Dienst an Feiertagen und aus besonderen Anlässen, 16.01.1956, Zl 99.925-3/1955.
Diese Bestimmung ist in den ressortinternen Zeitordnungserlässen für die Zentralstelle und die nachgeordneten Dienststellen enthalten.
[226] Vgl BMLV, Zeitordnung für die Zentralstelle, Richtlinien – Neufassung 2019, 11.03.2019, GZ S90585/1-SI/2019, VBl I 2019/40.

Diese Richtlinien waren auch im Erlass vom 22. November 2018 „Zeitordnung für den nachgeordneten Bereich" festgehalten.[227] [Anm: Aufgrund des EuGH-Urteils und der Karfreitagsregelung musste dieser Erlass in weiterer Folge entsprechend adaptiert werden. In dieser Arbeit wird auf die aktuelle Fassung noch eingegangen. Die hier angeführten Richtlinien sind sinngemäß in der aktuellen Version ebenfalls enthalten].

Dienstbetrieb zu Ostern
a) Bei allen ngDSt ruht der normale Dienstbetrieb ab Karfreitag 12.00 Uhr.
b) Dienste sind wie an sonstigen Wochenenden zu stellen. Es wird ausdrücklich darauf hingewiesen, dass Dienste am Karsamstag nicht als Feiertagsdienste zu werten sind.

Im Februar 2019 führte diese „Besserstellung" der Beamten gegenüber den zivilen Arbeitnehmern, zu einer parlamentarischen Anfrage der NEOS-Abgeordneten Gerald Loacker und Kollegen. Ausschlaggebend war ein Erlass des damaligen Vizekanzlers Heinz Christian Strache aus dem Jahr 2018, mit dem er allen Bediensteten seines Ministeriums, unabhängig von der Religionszugehörigkeit, am Karfreitag einen ganzen Urlaubstag schenkte.[228] In der Beantwortung wurde festgehalten, dass 247 Bedienstete betroffen bzw begünstigt waren und die dadurch entstandenen Kosten mit rund € 23.000,- zu beziffern waren.[229]

Immer wieder führten die Bestimmungen des Dienstbetriebes am Karfreitag zu „Unklarheiten" bei den Bediensteten im Verteidigungsressort hinsichtlich der korrekten Führung ihrer persönlichen Zeitkarte respektive

[227] Vgl BMLV, Zeitordnung für den nachgeordneten Bereich, Richtlinien – Neufassung, 22.11.2018, GZ S93105/23-MFW/2018, VBl I 2019/1.
[228] Vgl Parlament, Parlamentarische Anfrage 2777/J vom 01.02.2019 (XXVI.GP), https://www.parlament.gv.at/PAKT/VHG/XXVI/J/J_02777/imfname_736302.pdf (Stand: 02.04.2019).
[229] Vgl BMöDS, Beantwortung der Parlamentarischen Anfrage 2777/J, 26.03.2019, GZ BMöDS-11001/0011-I/A/5/2019.

der Legung von Mehrdienstleistungen. Im Jänner 2019 stellte daher ein Kommando der oberen Führung den Antrag um Klärung, ob am Karfreitag Dienststunden zwischen 12.00 Uhr und Dienstschluss ein Plus oder Minus auf der Zeitkarte ergäben.[230] Der Autor, in seiner Funktion als zuständiger Referent für die Zeitordnung im nachgeordneten Bereich, antwortete:[231]

> *Im VBl I 1/2019 ist im Pkt I/C /d festgehalten, dass „Die finanzielle Abgeltung von Journaldiensten beginnt jeweils erst mit dem an Werktagen üblichen Ende des Normaldienstplanes."*
>
> *Am Karfreitag, am 24. und 31. Dezember (sofern diese auf Werktage fallen) RUHT der Dienst ab 1200 Uhr, er ENDET nicht. Die Normaldienstzeit endet für die Bediensteten gem. Dienstplan (meistens 1530 bzw. 1600 Uhr).*
>
> *Daher hat der Bedienstete im angeführten Beispiel des KdoLog bis 1530 Uhr Normaldienst und trägt dies in seiner Zeitkarte – ohne Zeitguthaben – ein.*
> *Ab 1530 Uhr gebührt ihm gem. § 17 a GehG 1956 (siehe VBl I 18/2015 – Pkt I/B) eine Journaldienstzulage.*
>
> *Vielmehr bedeutet diese Regelung ein Entgegenkommen des Dienstgebers auf Grund des Anlasses (Hl. Abend etc.), wonach jene Bedienstete, deren Dienstverrichtung nicht unbedingt von Nöten ist, an diesen Tagen ab 12.00 Uhr dienstfrei bekommen. Bei einem geplanten Journaldienst ist dies eben nicht der Fall.*
>
> *Der Umstand, dass ab 12.00 Uhr dienstfrei ist, kann jedoch auch – bei einem späteren Dienstantritt – sowohl bei denen, die um 12.00 Uhr den Dienst beenden, als auch bei jenen, die bspw. wie hier einen Journaldienst antreten, zu Minuszeiten auf der Zeitkarte führen.*

[230] Vgl BMLV, Journaldienste am Karfreitag – Zusammenhang mit der Zeitkarte – Bitte um Klärung, 20.01.2019, GZ S90130/1-KdoLog/G1/2019.
[231] BMLV, Journaldienste am Karfreitag – Zusammenhang mit der Zeitkarte – Information, 06.02.19, GZ S90130/1/MFW-2019.

MFW weist darauf hin, dass es sich bei dieser Information um keine Neuerung in Folge des VBl 1/ 2019 handelt, sondern diese Regelung schon davor Gültigkeit besaß.

Somit wurde klargestellt, dass sich für Bedienstete, die nicht den entsprechenden Religionsgesellschaften angehören und am Nachmittag des Karfreitags Dienst versahen, kein Zeitguthaben bzw keine Mehrdienstleistungen ergaben und ein angeordneter Journaldienst erst ab dem „normalen“ Dienstende finanziell abgegolten wird.

Aufgrund der Tatsache, dass das EuGH-Urteil zum „persönlichen Feiertag“ führte, und dieser aus dem Urlaubskontingent des Beamten entspringt, werden die relevanten Urlaubs-Bestimmungen erwähnt.

Die gesetzliche Grundlage für den Urlaub schafft der § 64 BDG. Demnach hat der Beamte in jedem Kalenderjahr Anspruch auf Erholungsurlaub. Das Ausmaß dessen beträgt laut Folgeparagraphen 200 Stunden und erhöht sich ab dem 43. Geburtstag auf 240 Stunden. Somit steht dem Bediensteten – gleichgültig vom Zeitpunkt des Dienstantritts – der volle Urlaubsanspruch am 1. Jänner jedes Kalenderjahres zu. Der Verbrauch der Urlaubsstunden ist nur tageweise zulässig, was einen stundenweisen Abbau – beispielsweise vier Stunden am Karfreitag bzw am 24. Dezember ausschließt. Der Urlaubstag umfasst einen gesamten Kalendertag – eine dienstliche Inanspruchnahme, gewollt oder nicht, ist somit ausgeschlossen. Durch diese Bestimmungen wird der Zweck des Erholungsurlaubes erhalten und eine sinnvolle Urlaubseinteilung sichergestellt.

Weiters ist im § 68 Abs 1 BDG geregelt, dass der Verbrauch des Erholungsurlaubes *„unter Berücksichtigung der dienstlichen Interessen vorzunehmen* (ist), *wobei auf die persönlichen Verhältnisse des Beamten* *angemessen Rücksicht zu nehmen ist. Soweit nicht zwingende dienstliche Gründe entgegenstehen, hat der Beamte Anspruch, die Hälfte des Erholungsurlaubes ungeteilt zu verbrauchen*" Daraus lässt sich ableiten, dass die Inanspruchnahme des Erholungsurlaubes genehmigungspflichtig ist, was eine Absprache zwischen dem Bediensteten und Vorgesetzten nötig macht. Dem Vorgesetzten steht das Recht zu, aus dienstlichen Gründen das Ansuchen eines Bediensteten abzulehnen. Im Umkehrschluss ist der Vorgesetzte jedoch nicht ermächtigt, Erholungsurlaub anzuordnen, da dieser im Einvernehmen beider stattfinden muss. Der Vorgesetzte ist berechtigt, seinem Mitarbeiter den Abbau von Zeitguthaben der Zeitkarte bzw von Mehrdienstleistungen anzuordnen. In diesem Zusammenhang ist auf den § 45 BDG – Dienstpflichten des Vorgesetzten – hinzuweisen. Der Vorgesetzte hat jedoch dafür zu sorgen, dass seine Mitarbeiter Urlaub verbrauchen können und dies auch tun. Es ist die Fürsorgepflicht des Vorgesetzten die Erholung seiner Bediensteten zu gewährleisten. Das „Ansparen" von Erholungsurlaub steht in einem gewissen Widerspruch und ist daher gem § 69 BDG auch nur bis zum Ende des Folgejahres möglich. Ein übermäßiges „Stehenbleiben" von Erholungsurlaubsanspruch soll verhindert werden. Das Risiko des Verfalls von Urlaubsanspruch besteht, wenn der Bedienstete und der Vorgesetzte nicht in Abstimmung die Urlaubsplanung durchführen. Der (rechtzeitige) Verbrauch liegt grundsätzlich im Interesse beider. Der Anspruch, die Hälfte des Erholungsurlaubes ungeteilt konsumieren zu können, bezieht sich nur für das im jeweiligen Kalenderjahr neu erworbene Guthaben, nie jedoch auf die Hälfte des angesparten Urlaubes aus zwei oder drei Jahren.[232]

---

[232] Anm: Der Urlaub, der mit 1. Jänner 2019 zusteht, verfällt grundsätzlich mit 31. Dezember 2020. Ist ein Abbau aus dienstlichen Gründen aufgrund von Abwesenheiten vom Dienst (§ 51 Abs 1 BDG) oder Mutterschutzgesetz nicht möglich, so verfällt dieser erst mit Ablauf des darauffolgenden Jahres – mit 31. Dezember 2021. Dies führt zu einer maximal möglichen

Im vorigen Kapitel wurde in Zusammenhang mit dem „persönlichen Feiertag“ festgestellt, dass ein Vorgriff auf diesen aus dem folgenden Kalenderjahr nicht möglich ist. § 70 BDG konstatiert jedoch, dass bei Erholungsurlaub ein Vorgriff gewährt werden kann. Der Bedienstete hat keinen Rechtsanspruch darauf, und der Vorgesetzte könnte einen Vorgriff auch nicht anordnen. Die Bewilligung des Vorgriffes liegt nicht mehr beim Vorgesetzten, sondern bei der Dienstbehörde.

Somit gilt es festzuhalten, dass der Verbrauch des Erholungsurlaubes zu einem bestimmten Zeitpunkt, im Gegensatz zum „persönlichen Feiertag“, mit dem Vorgesetzten abgesprochen und von ihm genehmigt sein muss. Wird der „persönliche Feiertag“ in einem Kalenderjahr nicht in Anspruch genommen, kann er nicht in das Folgejahr mitgenommen werden und ein Vorgriff ist ebenfalls nicht möglich. Ist ein Erholungsurlaub genehmigt, ist an diesem Tag eine dienstliche Inanspruchnahme grundsätzlich nicht möglich. Nur unter besonderen Bestimmungen gem § 77 BDG ist eine Heranziehung zum Dienst statthaft. Beim „persönlichen Feiertag“ *„steht* (es) *dem Arbeitnehmer frei, auf Ersuchen des Arbeitgebers den bekannt gegebenen Urlaubstag nicht anzutreten.“* – vgl § 7a Abs 2 ARG. Eine Verpflichtung des Arbeitnehmers zur Dienstleistung ist gem Gesetzestext nicht möglich.

Die Urlaubsbestimmungen des BDG sind in einem Erlass der *Personalabteilung A* ausgeführt und detaillierter dargelegt und in einem Verlautbarungsblatt kundgetan.[233] Der aktuell gültige Erlass stammt aus dem Jahr 2017 – somit noch vor Einführung und Inkrafttreten des

---

Ansammlung von 600 bzw 720 Stunden, was in der Regel 15 bzw 18 Wochen entspricht. Unberücksichtigt bleibt hier die Erhöhung bei verlängerter Wochendienstzeit oder bei Personen mit Behinderung.

[233] Vgl BMLV, Urlaub, Pflegefreistellung, Familienhospizfreistellung, Dienstfreistellung, Außerdienststellung und Dienstbefreiung, Neufassung, 18.05.2017, GZ S 91399/3-PersA/2017, VBl I 2017/53.

„persönlichen Feiertages" im ARG. Nach Rückfrage des Autors beim verantwortlichen Referenten ist eine Aktualisierung des Erlasses geplant, verzögert sich jedoch aufgrund von Koordinierungen bzw laufenden Verhandlungen mit dem *Zentralausschuss BMLV*.[234]

3.2.5 Darstellung der gesetzlichen und dienstbetrieblichen Änderungen

Nach der Präsentation des „persönlichen Feiertages" am 26. Februar 2019 durch die Bundesregierung, dem Beschluss selbigen Tages darauf im Nationalrat und der Zustimmung durch den Bundesrat am 14. März konnte mit dem BGBl I Nr 22/2019 vom 21. März 2019 das neue Gesetz kundgemacht werden. Für Bundesbedienstete wurde in § 1 Abs 2 und 3 FRG infolge der Dienstrechts-Novelle 2019 (Anm: oa Bundesgesetzblatt) ein Verweis aufgenommen, dass der §§ 7a und 33a Abs 29 ARG auch für den öffentlichen Dienst anzuwenden ist. Damit war die Einführung des Rechtsanspruches von öffentlichen Bediensteten mit Ausnahme für Lehrer – analog zu Arbeitnehmern in der Privatwirtschaft – auf einen „persönlichen Feiertag" als Erholungsurlaubstag gewährleistet.

Für Beamten im Generellen und somit auch für Bedienstete des ÖBH im Speziellen, wurden abweichende Regelungen getroffen. Im „Notfall" sollen sie auch an dem von ihnen festgelegten „persönlichen Feiertag" zum Dienst verpflichtet und herangezogen werden können. Das individuelle Ablehnungsrecht würde in diesen Fällen nicht greifen. Das im

---

[234] Telefonat zwischen den Referenten MFW und PersA am 18.09.2019.

Gesetzestext nach § 7a Abs 2 ARG angeführte „Ersuchen zur Dienstleistung" wird für Bundesbedienstete zu einer Anordnung, der der Bedienstete Folge zu leisten hat. Hintergedanke war, dass beispielsweise Polizeistationen und Krankenhäuser Tag und Nacht besetzt sein müssen und auch Heeresbedienstete im Krisen- oder Katastrophenfall uneingeschränkt zur Verfügung stehen müssen.[235] Folglich wurden dem § 68 BDG, der den Verbrauch von Erholungsurlaub regelt, drei neue Absätze angefügt:

> *(3) Abweichend von Abs 1 kann die Beamtin oder der Beamte an einem Tag pro Kalenderjahr Erholungsurlaub einseitig in Anspruch nehmen („persönlicher Feiertag"). Die Beamtin oder der Beamte hat das Datum der Inanspruchnahme spätestens drei Monate im Vorhinein bekannt zu geben.*
>
> *(4) Die Dienstbehörde kann die Beamtin oder den Beamten an dem von ihr oder ihm gemäß Abs 3 bekannt gegebenen „persönlichen Feiertag" in den Angelegenheiten der Dienstbereiche gemäß § 48f Abs 2 Z 3 bis 7 und Abs 4 Z 2 sowie in Fällen, in denen ein besonderes öffentliches Interesse besteht, zum Dienst heranziehen, wenn dies zur Aufrechterhaltung des Dienstbetriebes zwingend geboten ist. Im Fall einer derartigen Heranziehung ändert sich das der Beamtin oder dem Beamten zustehende Urlaubsausmaß nicht. Das Recht auf einseitige Festlegung gemäß Abs 3 bleibt jedoch konsumiert.*
>
> *(5) Abweichend von § 1 Abs 2 und 3 sind die Abs 3 und 4 auch auf Personen, die dem RStDG unterliegen, anzuwenden.*

Ein „Rundschreiben" des *Bundesministeriums für Öffentlicher Dienst und Sport* (BMöDS) beschreibt, dass bei einer Festlegung des Datums für den „persönlichen Feiertag" im ersten Quartal die Frist zur Bekanntgabe drei

---

[235] Vgl Parlament, Parlamentskorrespondenz Nr 307 vom 27.03.2019, Neue Karfreitags-Regelung wird mit Abstrichen auch für BeamtInnen gelten, https://www.parlament.gv.at/PAKT/PR/JAHR_2019/PK0307/index.shtml (Stand: 29.03.2019).

Monate in das vorangehende Kalenderjahr zurückzurechnen ist. Weiters hätte der Bedienstete seinem Vorgesetzten gegenüber die Wahl, das Datum nicht zu begründen und der Vorgesetzte darf keinen Nachweis eines bestimmten Religionsbekenntnisses verlangen.[236]

Die Dreimonatsfrist dient in erster Linie dem Vorgesetzen, um auf den „Ausfall" des Bediensteten entsprechend reagieren und die Diensteinteilung sicherstellen zu können. Sollten jedoch Beamte spezifische staatliche Tätigkeiten leisten müssen, die im Interesse der Allgemeinheit keinen Aufschub dulden, was gem dem oa § 48 f Abs 2 Z 6 auch für Heeresbedienstete zuträfe, ist von ihnen Dienst zu leisten. Dies kommt auch für Beamte, die als Angehörige von Gesundheitsberufen an Heeresspitälern und Heeressanitätsanstalten tätig sind, zur Anwendung. Weiters kann durch den Vorgesetzten ein „persönlicher Urlaubstag" abgelehnt und der Beamte zum Dienst verpflichtet werden, wenn ein besonderes öffentliches Interesse besteht und seine Dienstleistung zwingend zur Aufrechterhaltung des Dienstbetriebes erforderlich ist. Dies ist gem BMöDS nur dann zulässig, wenn der dienstliche Bereich staatliches Handeln betrifft und kein anderer geeigneter Bediensteter für die Verrichtung der Tätigkeit an einem solchen Tag im Dienstplan eingeteilt werden kann.[237]

Diese Regelung ist als Auffangtatbestand für jene nicht taxativ aufgezählten Fälle gedacht, in denen der Dienstbetrieb aus spezifischen Gründen unabdingbar ist. Anzumerken ist, dass es sich beim öffentlichen Interesse – ähnlich dem Allgemeinwohl – um einen unbestimmten Rechtsbegriff handelt, der im Einzelfall nach Sinn und Zweck der

[236] Vgl BMöDS, Rundschreiben 2.Dienstrechts-Novelle 2018, Dienstrechts-Novelle 2019 und aktuelle Fragestellungen, 13.05.2019, GZ BMöDS-920.900/0003-III/A/1/2019.
[237] Ebd.

betreffenden gesetzlichen Regelung zu bestimmen[238] und laut BMöDS streng auszulegen ist. Ein „massiver Arbeitsanfall" würde alleine keinen ausreichenden Grund eines öffentlichen Interesses darstellen. Damit soll wohl einer leichtfertigen, aus persönlichen oder emotionalen Gründen motivierten, Verhinderung der Inanspruchnahme durch den Vorgesetzen entgegengetreten werden. Dies wird dadurch unterstrichen, dass eine Heranziehung zum Dienst am „persönlichen Feiertag" nur durch die Dienstbehörde angeordnet werden kann.

Für einen solchen Fall wurde das GehG 1956 ergänzt. Dem § 17 Abs 1 wurde folgender Passus angefügt:

Die Sonn- und Feiertagsvergütung gebührt auch, wenn die Beamtin oder der Beamte gem § 68 Abs 4 BDG 1979 zum Dienst herangezogen wird.

Somit gebührt Bediensteten, die zum Dienst herangezogen werden, die Sonn- und Feiertagsvergütung je nach Umfang der Dienstleistung.

Für Beamte, deren Mehrdienstleistungen in zeitlicher und mengenmäßiger Hinsicht durch eine Zulage [Anm: „All-in-Bezieher", aber der Funktionsgruppe 5, grundsätzlich die Ebene der Abteilungsleiter in der Zentralstelle] oder ein Fixgehalt [Anm: in den Funktionsgruppen 7, 8 und 9; Bereichs-, Gruppen- und Sektionsleiter] besoldungsrechtlich abgegolten sind, und bei Heranziehung an Sonn- und Feiertagen eine Vergütung nach § 17 GehG ausgeschlossen ist, wären Dienststunden am „persönlichen Feiertag" durch ihre Zulage ebenfalls mitabgegolten.

Da solche Dienststunden stets als „angeordnet" zu betrachten sind und somit in keinem Zusammenhang mit der individuellen Zeitkarte des Bediensteten [Anm: Stichwort Gleitzeit bzw life-balance] stehen –

[238] Vgl RechtEasy, https://www.rechteasy.at/wiki/oeffentliches-interesse/ (Stand: 18.09.2019).

„Mehrdienstleistungen stehen in keinem Zusammenhang mit dem Zeitguthaben oder der Zeitschuld. Sie sind in der Zeitkarte nicht zu erfassen.“[239] – käme für diese Bediensteten auch nicht die Möglichkeit in Betracht, jenes in einem betreffenden Kalendermonat aufgebaute Guthaben aus der gleitenden Dienstzeit, welches bei All-in-Beziehern elf Stunden bzw bei Fixgehalt-Beziehern 18 Stunden übersteigt, in das nächste Kalendermonat zu übertragen. Diese Regelung der Übertragung wurde erst mit der zweiten Dienstrechts-Novelle 2018 – BGBl I Nr 102/2018 vom 22. Dezember 2018 – geschaffen.[240]

Die Regelungen zum einseitigen Urlaubsantritt stießen bei den Oppositionsparteien auf heftige Kritik. Für den NEOS-Abgeordneten Gerald Loacker wäre diese ein besonderer Dorn im Auge, da Beamte ohnedies am Karfreitag halbtags frei hätten und ihnen nun auch das Recht auf einen persönlichen Feiertag gegeben wurde. Dies sei ein Privileg, und er forderte gleiches Recht für alle.[241]

Mit den neuen Bestimmungen zum „persönlichen Feiertag“ waren und sind in der Zentralstelle des Ressorts mehrere Abteilungen in ihren Zuständigkeitsbereichen betroffen. Noch rechtzeitig vor dem Karfreitag am 19. April erging Anfang des Monats durch MFW der neue „Erlass Zeitordnung für die nachgeordneten Dienststellen“. Darin wurde nicht auf Details des einseitigen Urlaubsanspruches eingegangen – für deren Verfügung im Ressort die *Personalabteilung A* zuständig wäre – sondern

---

[239] BMLV, Zeitordnung für den nachgeordneten Bereich, Richtlinien – Neufassung, 12.04.2019, GZ S93105/7-MFW/2018, VBl I 2019/53.
[240] Vgl BMLV, Im Monatsbezug bereits inkludierte Mehrdienstleistungen im Zusammenhang mit dem Gleitzeitdienstplan, 28.12.2018, GZ S90130/5-GrpPersErg/2018.
[241] Vgl OTS 0247, 27.03.2019, Neue Karfreitags-Regelung wird mit Abstrichen auch für BeamtInnen gelten, https://www.ots.at/presseaussendung/OTS_20190327_OTS0247/neue-karfreitags-regelung-wird-mit-abstrichen-auch-fuer-beamtinnen-gelten (Stand: 19.09.2019).

es wurde der Dienstbetrieb zu Ostern geregelt. Der aktuell gültige Erlass enthält folgende Formulierung:[242]

> *a. Gem. Ministerratsbeschluss aus dem Jahr 1963 ruht bei Bundesdienststellen der normale Dienstbetrieb am Karfreitag ab 12.00 Uhr.*
>
> *b. Durch die Änderung des Arbeitsruhegesetztes wird die bis 2018 gültige Regelung des Feiertages für Angehörigen der evangelischen Kirche A.B. / H.B., der Altkatholischen Kirche und der Methodistenkirche, aufgehoben.*
>
> *c. Dienste sind wie an sonstigen Wochenenden zu stellen.*
> *Es wird ausdrücklich darauf hingewiesen, dass Dienste am Karsamstag nicht als Feiertagsdienste zu werten sind.*
> *Der normale Dienstbetrieb hat am Dienstag nach Ostern mit Dienstbeginn einzusetzen.*

Mit der Verteilung des Verlautbarungsblattes I 53/2019 war nun offiziell die Information bereitgestellt, die ohnedies jeder Beamte mit hoher Wahrscheinlichkeit schon aus den Medien vernommen haben dürfte. Alle Bediensteten, unabhängig von ihrem Glaubensbekenntnis, hatten am Karfreitag, sofern nicht gerechtfertigt vom Dienst abwesend – Erholungsurlaub, Zeitausgleich, Krankenstand, etc – bis 12.00 Uhr mittags Dienst zu versehen. Der normale Dienstbetrieb – abgesehen von zB Schicht-und Wechseldienst, Journal- und Sicherheitsdiensten – ruhte, basierend auf dem Ministerratsbeschluss von 1963, ab Mittag.

Die interne Vermutung, dass aufgrund des ohnehin nur halben Dienst-Tages am Karfreitag kaum Bediensteten den „persönlichen Feiertag" in Anspruch nehmen würden – was ähnlich einem Erholungsurlaubstag den Verbrauch von acht Stunden bedeutet hätte – bewahrheitete sich und

[242] BMLV, Zeitordnung für den nachgeordneten Bereich, Richtlinien – Neufassung, 12.04.2019, GZ S93105/7-MFW/2018; VBl I 2019/53.

wurde sogar noch „übertroffen." Wie eine Abfrage durch die Personalabteilung ergab, nahm kein Bediensteter des Ressorts den „persönlichen Feiertag" in Anspruch.[243] Sofern keine dienstlichen Notwendigkeiten entgegenstehen, dient typischerweise der Karfreitag, ähnlich dem 24. und dem 31. Dezember, der Truppe dem durch die Kommandanten und Dienststellenleiter angeordneten Abbau von Zeitguthaben und Mehrdienstleistungsguthaben. Die Erreichbarkeit wird durch eine Minimalbesetzung, einen „Point of Contact", sichergestellt. Die Zeitordnung für die Zentralstelle regelt sogar, dass „*die Zeit von 08.00 bis 12.00 Uhr eingearbeitet werden kann. Der Dienstbetrieb in der Zentralstelle bleibt grundsätzlich auf einen Journaldienst, der durch den „Diensthabenden-Offizier" wahrgenommen wird, beschränkt.*"[244] Den Bestimmungen folgend, teilte beispielsweise die *Abteilung Verteidigungspolitik* (VPol) in einem Rundschreiben mit, dass, aufgrund der gültigen Regelungen, der Dienstbetrieb am Karfreitag auf ein zwingend erforderliches Ausmaß reduziert wird und die Dienststelle nicht besetzt sein wird. Die fernmündliche Erreichbarkeit von zwei Bediensteten wurde angegeben.[245]

[243] Vgl Abfrage im Personalinformationssystem durch die Personalabteilung A am 12.09.2019.
[244] Vgl BMLV, Zeitordnung für die Zentralstelle, Richtlinien – Neufassung 2019, 11.03.2019, GZ S90585/1-SI/2019, VBl I 2019/40.
[245] Vgl BMLV, Erreichbarkeit Abt VPol am Karfreitag 19.04.19., Information, 10.04.2019, GZ S90000/19-VPol/2019.

3.2.6 Darstellung der aktuellen Vorgänge und Entwicklungen

Wie bereits angeführt, wurde infolge des EuGH-Urteils zum Karfreitag neben dem BDG im ÖBH der Erlass *Zeitordnung für die nachgeordneten Dienststellen* geändert. Das Pendant für die Zentralstelle führt den „persönlichen Feiertag" nicht an. Ebenfalls findet dieser bis dato im Urlaubserlass keine Erwähnung. Dies ist der Tatsache geschuldet, dass zwischen Dienstgeber- und Dienstnehmervertreter Unklarheiten in der Auslegung der „Nichtgewährung" des „persönlichen Feiertages" und des damit im Zusammenhang stehenden einseitigen Urlaubsantritts bestehen und es zu Beratungsgesprächen kam. Ein bestehender Erlassentwurf wäre dahingehend zu ändern, dass am Urlaubsantragsformular klar die Wortfolge „Persönlicher Feiertag" erkennbar sein müsste. Sollte ein mit der Dienstaufsicht betrauter Vorgesetzte den dienstlich zwingenden Bedarf der Heranziehung des Bediensteten zur Dienstleistung an diesem Tag sehen, so wäre dieser Bedarf für den bestimmten Einzelfall ausführlich zu begründen und am Dienstweg der Dienstbehörde vorzulegen, welche gem § 68 Abs 4 BDG zu entscheiden hätte.[246] Wie bereits angeführt, besteht bereits die Möglichkeit zur Unterbrechung eines Erholungsurlaubes laut § 77 BDG bereits. Da die Beratungen im Herbst 2019 jedoch noch nicht abgeschlossen waren, war eine Modifizierung der Erlässe nicht möglich.

Da eine Heranziehung zur Dienstleistung am „persönlichen Feiertag" den Anspruch auf das doppelte Entgelt bedingt, waren einige buchhalterische Fragen zu klären. Die Beantwortung ergab, dass

---

[246] Vgl BMLV, Beratungen mit dem ZA/BMLV hinsichtlich Persönlicher Feiertag, 06.06.2019, GZ S90000/98-PersA/2019.

- neue Lohnarten mit neuen Kennziffern programmiert werden müssen,
- der Zuschlag für die Vergütung in jedem Fall steuerpflichtig ist,
- die Bezahlung aus dem Sachkonto für Sonn- und Feiertagsvergütung erfolgt und
- kein eigenes Mehrdienstleistungs-Budget zur Verfügung gestellt werden wird.

Für Vertragsbedienstete wurde geklärt, dass bei Ablauf ihres Beschäftigungsverhältnisses ein nicht konsumierter „persönlicher Feiertag", analog wie jeder andere nicht verbrauchte Erholungsurlaubstag, für die Urlaubsersatzleistung zu berücksichtigen ist.

Wenn auch der „Urlaubserlass" per se bis in den Herbst 2019 nicht geändert wurde, kam es zu einer administrativen Anordnung der *Personalabteilung A*, welche an alle Dienststellen im gesamten Ressortbereich verteilt wurde. Darin wurde geregelt, dass der „persönliche Feiertag" nicht nur mehr im *Personalinformationssystem* (PERSIS) mit eigens generierten Codes zu speichern bzw zu kennzeichnen ist [Anm: „AB16"], sondern auch im elektronischen System welches zur Abrechnung der Nebengebühren dient.[247] Dies ist vor allem für den Einzelnen dann von finanzieller Bedeutung, wenn der „persönliche Feiertag" durch die Dienstbehörde abgelehnt wird [Anm: Speicherung mittels „AB17"], und der Beamte zu einer Dienstleistung zur Aufrechterhaltung des Dienstbetriebes herangezogen wird. Für diesen Fall wurde die Möglichkeit geschaffen, die geleisteten Stunden in entsprechender Form [Anm: „Leistungstyp pers. FT"] zu buchen und abzurechnen. Somit ist die Eingabe von Überstunden

---

[247] Anm: Bei diesem System handelt es sich um das „PAAN", das PERSIS Automationsunterstütze Abrechnung von Nebengebühren.

am persönlichen Feiertag möglich. Zur Auszahlung kommt es nach einer Überprüfung der Eingaben jedoch nur dann, wenn alle vorher angeführten Einträge gespeichert sind.[248]

Im Juni 2019 wurde das Thema des einseitigen Urlaubsantrittes im Ressort um eine Facette erweitert. Mit der Entscheidung des Bundesministers, die Flugshow „AIRPOWER 19“ trotz des finanziellen Engpasses dennoch durchzuführen, wurde die Karfreitagsregelung ihrem ersten Praxistest unterzogen. Akkurat legten 30 Bedienstete des ÖBH ihren „persönlichen Feiertag“ auf den Tag der Veranstaltung. Ursprünglich sollen es sogar 40 Soldaten gewesen sein.[249] Die Vermutung, dass die Betroffenen das zusätzliche Feiertagsentgelt lukrieren wollten, traf nicht zu. Bei den Personen handelte es sich nicht um Militärpiloten, sondern um Meteorologen und Flugsicherer, die für die Durchführung der Airpower ebenfalls unabdingbar waren. Sie nutzten diese Möglichkeit als Protestaktion, um auf ihre Dienstverträge hinzuweisen, die bis zu 30 % niedriger dotiert seien als in der Privatwirtschaft.[250] Der Bundesminister kündigte Gespräche mit den Bediensteten an und wollte die Probleme lösen. Kritiker machten von Anfang an darauf aufmerksam, dass die Karfreitagsregelung missbrauchsanfällig sei und – besonders im Öffentlichen Dienst – leicht zur Verschaffung von Feiertagszuschlägen benutzt werden könnte.[251] Da

---

[248] Vgl BMLV, Erfassung des persönlichen Feiertages in der Applikation PAAN – Anordnung, 07.10.19., GZ S90130/25-PersA/2019.

[249] Vgl Kurier, Protestaktion: Soldaten nehmen bei Airpower „persönlichen Feiertag“, https://kurier.at/politik/inland/protestaktion-soldaten-nehmen-bei-airpower-persoenlichen-feiertag/400527952 (Stand: 24.06.2019).

[250] Vgl Der Standard, 30 Soldaten beantragen am Tag der Airpower „persönlichen Feiertag“, https://www.derstandard.at/story/2000105098831/30-soldaten-beantragten-am-tag-der-airpower-persoenlichen-feiertag (Stand: 24.06.2019).

[251] Vgl Die Presse, 30 Soldaten beantragen am Tag der Airpower „persönlichen Feiertag“, https://diepresse.com/home/innenpolitik/5646601/30-Soldaten-beantragen-am-Tag-der-Airpower-persoenlichen-Feiertag (Stand: 24.06.2019).

die Flugshow ohne weitere Einschränkungen stattgefunden hat, ist davon auszugehen, dass die Ungereimtheiten beseitigt werden konnten.

Inwieweit derartige Aktionen jedoch zulässig sind, bleibt fraglich. Im Einzelfall wird eine Ausnutzung des Systems bzw der gesetzlichen Möglichkeiten schwer bis gar nicht nachvollziehbar sein. Wenn jedoch wie im erwähnten Fall eine größere Anzahl an Bediensteten ihren „persönlichen Feiertag" auf denselben Tag legen und damit zumindest vorsätzlich der Organisation schaden oder das Feiertagsentgelt beziehen wollen, wäre wohl die Treuepflicht des Beamten nach § 43 Abs 1 BDG in Betracht zu ziehen. Demnach ist der Beamte *„verpflichtet seine Aufgaben treu, gewissenhaft, engagiert und unparteiisch mit den ihm zur Verfügung stehenden Mitteln aus eigenem zu besorgen*." Eine ausdrückliche inhaltliche Determinierung der Treupflicht ist aber weder in der Bundesverfassung noch im BDG zu entnehmen. Das Wort „treu" ist der Angelobungsformel des § 7 Abs 1 leg cit entnommen und bezieht sich auf die rechtmäßige Erfüllung der dienstlichen Aufgaben.[252] Sollte der Vorgesetzte einen Missbrauch feststellen, wäre eine etwaige Dienstpflichtsverletzung nach § 91 BDG zu beurteilen.

Der Gedanke aus dem zivilen Umfeld, einer solchen „Verhinderungsstrategie" durch eine Betriebsvereinbarung auf Grundlage des § 97 Abs 1 Z 10 *Arbeitsverfassungsgesetzes*[253] (ArbVG) bzw durch eine Urlaubssperre an gewissen Tagen entgegenzuwirken, dürfte im öffentlichen Bereich noch schwieriger umsetzbar sein. Hinzu kommt, dass neben dem UrlG auch das BDG nur die Pflegefreistellung nach § 76 BDG als einseitigen Urlaubsantritt kennt. Der Gesetzgeber hat nun den

[252] Vgl VwGH 03.10.2013, 2013/09/0077.
[253] Vgl Bundesgesetz vom 14. Dezember 1973 betreffend die Arbeitsverfassung (Arbeitsverfassungsgesetz – ArbVG), BGBl 1974/22.

„persönlichen Feiertag“ ebenfalls als solchen definiert, was einer etwaigen Betriebsvereinbarung widersprechen würde und somit unzulässig wäre.[254]

Im Gegenzug könnte der „persönliche Feiertag“ von der Dienst- bzw Arbeitnehmervertretung dafür genutzt werden, um Forderungen gegenüber dem Dienst- bzw Arbeitgeber durchzusetzen, wenn sie mehrere oder alle Bediensteten auffordern, ihren Urlaubstag zeitgleich zu konsumieren. Solche Arbeitskampfmaßnahmen – planmäßige, kollektive Maßnahme zur Störung des Arbeitslebens – sind verboten; es besteht eine betriebsverfassungsrechtliche Friedenspflicht. Daher wäre im Einzelfall die Sittenwidrigkeit zu prüfen. Wie sich für den einzelnen Arbeitnehmer die Thematik der Pflichtwidrigkeit stellen würde, wäre dies ebenso auf die Mitglieder des Betriebsrates umzumünzen. Diese stehen zwar grundsätzlich unter Mandatsschutz. Dieser käme aber nicht zur Anwendung, wenn das Verhalten des Betriebsrates nur zur Schädigung des Arbeitgebers führt, ohne ein berechtigtes Anliegen der Arbeitnehmer abgedeckt zu haben.[255] In wieweit sich solche „kollektiven“ Inanspruchnahmen von „persönlichen Feiertagen“ rechtlich und dienstrechtlich auswirken könnten, werden im Anlassfall Gerichte klären müssen.

3.2.7 Exkurs – aktuelle Entwicklungen

Im Zuge des Wahlkampfs zur Nationalratswahl Ende September 2019 wurden in den diversen Formaten unzählige Themen diskutiert und debattiert, Beschlüsse im Nationalrat mit wechselnden Mehrheiten gefällt

---

[254] Vgl *Friedrich*, Der persönliche Feiertag, ASoK 2019, 202.
[255] Vgl *Friedrich*, Der persönliche Feiertag, ASoK 2019, 202.

und Forderungen nach mehr Budget – wie beispielsweise der Bericht „Unser Heer 2030“[256] – gestellt. Bis eine Woche vor der Wahl blieb ein Thema jedoch völlig unerwähnt: die Karfreitags-Frage.

Wie am 20. September den Medien zu entnehmen war, ersuchte der Evangelisch-Lutherische Bischof Michael Chalupka die Parteichefs um eine Stellungnahme, wie es in der – vor allem für die protestantischen Kirchen unbefriedigenden – Causa Karfreitag nach der Wahl weitergehen sollte. Bereits bei seinem Amtsantritt zu Beginn des Monats beklagte er diese „Husch-Pfusch-Regelung“ der Regierung und forderte einen Runden Tisch mit allen Beteiligten. Ziel wäre es, den Karfreitag als Feiertag für alle Österreich zu generieren; sei es durch einen zusätzlichen Feiertag oder im Tausch gegen einen anderen Feiertag.[257]

In ihrem Antwortschreiben zeigte sich die ÖVP durchaus diskussionsbereit. Die aktuelle Regelung sei zwar sehr nahe an der bisherigen Regelung, jedoch habe die Neuordnung nicht nur Zustimmung erfahren, weshalb der Dialog fortgesetzt werden müsste, so Sebastian Kurz.

Auch der ehemaligen Regierungspartner FPÖ unter Norbert Hofer gab sich gesprächsbereit. Die gewonnenen Erfahrungen sollten eingebracht werden. Konkrete Zusagen oder Vorschläge kamen dennoch nicht.

Klarer zeigte sich die Vorsitzende der SPÖ, Pamela Rendi-Wagner. Für sie ist derzeitige Regelung ein *„Hohn gegenüber der evangelischen Bevölkerung“*. Ziel wäre es, einen zusätzlichen Feiertag oder Urlaubstag

[256] Vgl BMLV, Unser Heer 2030, http://www.bundesheer.at/archiv/a2019/unserheer2030/index.shtml (Stand: 22.09.2019).
[257] Vgl kathpress, Wahl 2019: Bischof Chalupka stellt Parteien Karfreitagsfrage, https://www.kathpress.at/goto/meldung/1806467/wahl-2019-bischof-chalupka-stellt-parteien-karfreitagsfrage (Stand: 20.09.2019).

für alle Arbeitnehmer und Religionsgruppen zu erhalten. Ein Austausch mit einem anderen Feiertag stelle für sie keine Option dar.

Die Vertreter der Grünen und der Liste JETZT plädierten in ihren Antwortschreiben für einen zusätzlichen gesetzlichen Feiertag am Karfreitag. Diese Lösung sollte für alle neutral sein. Aufgrund der gestiegenen Arbeitsproduktivität und -intensität wäre dies durchaus realisierbar.[258]

Über einige wenige Artikel in den Printmedien kamen diese Stellungnahmen nicht hinaus. Für die Öffentlichkeit ebenso unauffällig – lediglich eine unauffällige Pressemeldung in der Tageszeitung „Heute" berichtete davon[259] – verhielt sich die im Folgenden angeführte Maßnahme: Am 26. September 2019 brachten die Evangelischen Kirchen A.B. und H.B., die Methodistische Kirche und die Altkatholische Kirche einen Individualantrag auf Gesetzesprüfung beim Verfassungsgerichtshof ein. Laut dem Synodenpräsident Peter Krömer, der mit weiteren Experten ein Gutachten ausarbeitete, greife die aktuelle Regelung „massiv und unmittelbar" in das verfassungsgesetzlich gewährleistete Recht auf Religionsfreiheit ein. Sie weise in sich *„viele Schwächen und gravierende Unklarheiten"* auf und sei daher *„unzureichend"*. *„Wir fordern weiterhin den Karfreitag als Feiertag für alle oder einen zusätzlichen persönlichen Feiertag* [Anm: der nicht dem derzeitigen Urlaubskontingent entspringt] *und bemühen uns um den Dialog dazu."* Es soll eine Lösung gefunden werden, *„mit der alle gut leben können."* Krömer weiters: *„Rechte, die durch die Verfassung geschützt sind, und Grundrechte von Minderheiten*

---

[258] Vgl Die Presse: SPÖ, Jetzt und Grüne beharren auf Karfreitags-Feiertag für alle, https://diepresse.com/home/innenpolitik/nationalratswahl/5693073/SPOe-Jetzt-und-Gruene-beharren-auf-KarfreitagsFeiertag-fuer-alle (Stand: 21.09.19).
[259] Vgl Heute, Karfreitag wird Fall für Verfassungsgerichtshof, 27.09.2019 und https://www.heute.at/s/evangelische-kirchen-bringen-karfreitag-vor-verfassungsgerichtshof-vfgh-49681554 (Stand: 27.09.2019).

sind hier unter die Räder gekommen." Das auf dem Gleichheitsgrundsatz fußende Verbot gegen Diskriminierung und die Grundsatzbestimmung über den religiösen Minderheitenschutz, sowie das Recht auf gemeinsame Religionsausübung seien verletzt worden.[260]

Erst nach den Wahlen und nach der Konstituierung einer neuen Regierung wird dieses Thema, wohl rechtzeitig vor dem nächsten Karfreitag, wieder den Einzug ins Parlament, die Gesellschaft und die Presselandschaft finden. Ob der Verfassungsgerichtshof bis dahin seine Prüfung abgeschlossen hat, ist nicht anzunehmen.

---

[260] Evangelische Kirche in Österreich, Karfreitag: Betroffene Kirchen lassen Regelung bei Verfassungsgerichtshof prüfen, https://evang.at/karfreitag-betroffene-kirchen-lassen-regelung-bei-verfassungsgerichtshof-pruefen/ (Stand: 27.09.2019).

3.2.8 Fazit

Das Ressort des Verteidigungsministeriums hat derzeit eine Personalstärke von knapp 24.000 Bediensteten. Diese sind organisatorisch der Zentralstelle bzw dem Österreichischen Bundesheer zugeordnet. Für sie gelten grundsätzlich die Bestimmungen des *Beamtendienstrechtsgesetzes* 1979, welche für Vertragsbedienstete im hier beleuchteten Bereich meist analog im *Vertragsbedienstetengesetz* zur Anwendung kommen. In der *Sektion I,* der „Personalsektion", werden die gesetzlichen Bestimmungen hinsichtlich Erholungsurlaubes und Militärseelsorge umgesetzt. Die dem Bundesminister als Stabsstelle zugeordnete *Abteilung für Menschenorientierte Führung und Wehrpolitik* regelt die Umsetzung bzw Durchführung im Dienstbetrieb der der Zentralstelle nachgeordneten Dienststellen.

Mit der Änderung der Karfreitagsregelung wurde im § 1 Abs 2 und 3 FRG bestimmt, dass der § 7a ARG auch für Bundesbedienstete anzuwenden ist. Somit verloren rund fünf Prozent der Bediensteten, welche bis 2018 aufgrund ihrer Zugehörigkeit zur Evangelischen Kirche und basierend auf dem Generalkollektivvertrag am Karfreitag dienstfrei hatten, einen Feiertag. Alle 24.000 „gewannen" einen „persönlichen Feiertag" zum einseitigen Urlaubsantritt. Die Bestimmungen hierzu wurden, der Dienstrechtsnovelle folgend, im § 68 Abs 3-5 BDG eingefügt.

Der Verbrauch von Erholungsurlaub ist nur tageweise zulässig. Für den Karfreitag würde das somit ein Minus von acht Stunden bedeuten. Da jedoch an Bundesdienststellen, nach Entscheidung und Festlegung der Ressortleitung, der Dienst ab 12.00 Uhr mittags ruht, nutzte kein Bediensteter im gesamten Ressort die Option des „persönlichen Feiertages".

Im Unterschied zu anderen Arbeitnehmern können Beamte, und somit auch Soldaten im Österreichischen Bundesheer, an ihrem selbst gewählten „persönlichen Feiertag“ zur Dienstleistung herangezogen werden, sofern „ein besonderes öffentliches Interesse“ besteht und dies zur Aufrechterhaltung des Dienstbetriebes notwendig ist. Es handelt sich hier nicht wie in der Privatwirtschaft um ein Ersuchen, sondern um eine Anordnung. Diese Entscheidung kann jedoch nicht durch den unmittelbaren Vorgesetzten bzw den im Regelfall Genehmiger von Erholungsurlaub getroffen werden, sondern ist von der Dienstbehörde zu fällen. Damit soll eine objektive Beurteilung und die Vermeidung von persönlichem Empfinden sichergestellt sein. In diesem Falle gebührt den Bediensteten nach § 17 Abs 1 GehG 1956 eine steuerpflichtige Sonn- und Feiertagszulage. Eine Ausnahme besteht für all jene Bediensteten, deren Mehrdienstleistungen in zeit- und mengenmäßiger Hinsicht durch eine Zulage abgegolten ist, bzw für jene, die ohnehin ein Fixgehalt beziehen. Mit der Abgeltung ist, analog zum privaten Bereich, der Urlaubstag weiterhin konsumierbar. Das Recht auf die einseitige Festlegung im laufenden Kalenderjahr – Beamten steht der volle Anspruch auf Erholungsurlaub jeweils mit dem 1. Jänner zu – ist verwirkt.

Diese Regelung könnte genutzt werden, um relativ einfach eine finanzielle Überstundenabgeltung zu lukrieren. 30 Bedienstete, deren Spezialqualifikationen im Rahmen einer Großveranstaltung dringend notwendig waren, wählten zeitgleich ihren „persönlichen Feiertag“. Diese Vorgehensweise führte nicht nur heeresintern zu einem „Aufschrei“, sondern zu einer medialen Berichterstattung und Kritik der Oppositionsparteien. Aufgrund von noch nicht abgeschlossenen Verhandlungen zwischen Dienstnehmer- und Dienstgebervertretern in dieser Thematik ist bis dato keine Adaptierung des Urlaubserlasses – in welchem der „persönliche Feiertag“ abgebildet sein müsste – durchgeführt worden. In diesem Zusammenhang wird es noch zu klären sein, ob aufgrund des besonderen Treueverhältnisses des Beamten dem Staat gegenüber, eine solche Vorgehensweise eine Dienstpflichtsverletzung darstellt oder sogar der Sittenwidrigkeit zuzuordnen wäre. In den Durchführungsbestimmungen der Zeitordnung wurde angemerkt, dass der Karfreitag für keinen Bediensteten, gleichgültig welcher Glaubensrichtung, mehr als Feiertag gilt.

Somit lässt sich festhalten, dass der „persönliche Feiertag" im Österreichischen Bundesheer zwar gesetzlich verankert und dienstrechtlich umgesetzt wurde, aber weder in allen entsprechenden Erlässen aufgenommen noch von den Bediensteten in Anspruch genommen wurde. Wie im zivilen Umfeld auch, wird die weitere Vorgehensweise der neuen Bundesregierung abzuwarten bleiben.

4 Schlussteil

Die vorliegende Arbeit hatte die Fragestellung „Welche Auswirkung hat ein Erkenntnis des Europäischen Gerichtshofs auf ministerielle Erlässe?“ im Fokus. Dabei galt es vor allem, anhand eines aktuellen Beispiels mit politischer Brisanz, auf die Kompetenzen der Europäischen Union gegenüber ihren Mitgliedern hinzuweisen. Am Beispiel des Vorabentscheidungsverfahrens zum Karfreitag wurde der europäische Instanzenzug skizziert und die nationalen Folgen dargestellt.

Aufgrund der beruflichen Verwendung des Autors wurde die Umsetzung im Bereich des Österreichischen Bundesheeres beschrieben. Die dienstliche Erfahrung und das Hintergrundwissen fließen in die Arbeit mit ein. Die Abhandlung, die sich sowohl an den juristisch Kundigen wie auch den interessierten Leser richten soll, zeigt auf, wie sich eine Entscheidung von oberster europäischer Ebene auf den einzelnen Bediensteten / Beamten auswirkt und welche Rechtsfragen nach wie vor offen sind.

Der Schlussteil bietet einerseits eine Zusammenfassung und anderseits einen Ausblick über mögliche Entwicklungen.

4.1 Zusammenfassung

Als Feiertag ist zumeist ein gesellschaftlicher oder religiöser Festtag zu verstehen, an dem grundsätzlich Arbeitsruhe besteht, und der oftmals mit kirchlichen Akten verbunden ist. Ein Feiertag kann gesetzlich verankert sein, was ihn zu einem staatlichen Feiertag oder zu einem Landesfeiertag macht. In erster Linie dient ein Feiertag nicht dem Individuum zur Erholung oder zur Besorgung anderer Tätigkeiten, sondern soll im Kollektiv der Gesellschaft auf ein gemeinschaftliches Ereignis von hohem ideellen Wert aufmerksam machen. Das gemeinsame Begehen des Festtages steht im Mittelpunkt, was wiederum die Gruppe der Gesellschaft stärken soll. Jedoch ist es nicht das Bedürfnis oder die Pflicht zur Ausübung einer religiösen oder feierlichen Handlung, die ausschlaggebend sind, ob einem Arbeitnehmer ein Feiertag zugesprochen wird, sondern einzig und allein die Tatsache, dass er einer bestimmten Gruppe angehört.

Da es in einer komplexen Gesellschaft jedoch nicht zu einer vollständigen Feiertagsruhe bzw Arbeitsruhe kommen kann, steht jenen Arbeitnehmern, die an Festtagen eine Dienstleistung – an der Gesellschaft – erbringen müssen, eine entsprechende Abgeltung, meist in Form des doppelten Entgelts, zu. Genau dieses doppelte Entgelt forderte ein atheistischer Arbeitnehmer im Jahr 2015. Im Gegensatz zu seinen protestantischen Kollegen, für die der Karfreitag aufgrund eines Generalkollektivvertrages aus dem Jahr 1952 als arbeitsfreier Feiertag galt, und die im Falle einer Heranziehung zu einer Dienstleistung zusätzlich zum Gehalt Feiertagsentgelt bezogen, wurde an ihn, der nicht dieser privilegierten Gruppe angehörte, lediglich der normal übliche Lohn ausbezahlt.

Nach Ansicht des Arbeitnehmers verstoße dies gegen die Diskriminierung aus Gründen der Religion bzw Weltanschauung basierend auf dem Art 21 Abs 1 der Grundrechtecharta – welche neben den Verträgen als das wichtigste Dokument der EU anzusehen ist – und gegen die *Richtlinie 2000/78/EG zur Verwirklichung der Gleichbehandlung in Beschäftigung und Beruf.* In seiner Klage beim *Arbeits- und Sozialgericht Wien* forderte der Arbeitnehmer die „Nachzahlung“ von € 109,00 brutto zusätzlich Zinsen. Im Zuge von Berufung und Revision hatte schließlich der *Oberste*

Gerichtshof darüber zu entscheiden. Als Behörde letzter Instanz, die über die Auslegung einer europäischen Norm zu entscheiden hatte, stellte der OGH das Ersuchen um eine Vorabentscheidung beim *Europäischen Gerichtshof*.

Die Möglichkeit der Rechtsetzung eines Gerichts in Brüssel mit Auswirkungen auf nationaler Ebene in Österreich entspringt dem Faktum der Supranationalität. Dem EuGH steht die Kompetenz zu, europäisches Recht dahingehend auszulegen und weiterzuentwickeln, dass es in allen Mitgliedsstaaten einheitlich umgesetzt wird. Einem Urteil des EuGH zufolge, haben Legislative, Exekutive und Judikative der Staaten Folge zu leisten.

So hatte der EuGH beispielsweise über die Frage zu entscheiden, ob eine Richtlinie eine unmittelbare Wirkung auf den Bürger bzw auf Private entfaltet. Richtlinien stellen grundsätzlich Vorgaben an die Mitgliedsstaaten zur Harmonisierung der Rechtssysteme dar. Diese Vorgaben sind, je nach Anforderung der Mindest- oder Maximalharmonisierung, in nationales Recht umzusetzen. Im Gegensatz zur Richtlinie steht die europäische Verordnung, die einen verbindlichen Rechtsakt darstellt und von den Mitgliedsstaaten vollinhaltlich umzusetzen ist. Die erwähnte Richtlinie findet ihren Ursprung in der Grundrechtecharta. Somit ergab sich die Frage der unmittelbaren Drittwirkung. Bis zu diesem Zeitpunkt wurde, EuGH-Entscheidungen zufolge, dem Einzelnen das Verbot der Diskriminierung wegen des Alters als subjektives Recht verliehen. Nationale Gerichte waren auch in Rechtsstreitigkeiten zwischen Privatpersonen verpflichtet, nationale Vorschriften, die im Widerspruch mit diesem Verbot standen, nicht anzuwenden. Folglich sprach der EuGH die unmittelbare Wirkung der

Richtlinien bzw eine unmittelbare Drittwirkung der Grundrechtecharta in dieser Causa aus.

Weiters war durch den EuGH zu klären, ob die praktizierte Vorgehensweise eine Diskriminierung wegen der Religion darstellt, oder ob für die Ungleichbehandlung sachliche Rechtfertigungsgründe – Berücksichtigung der Ansprüche einer relativ kleinen Gruppe bzw Eindämmung der Anzahl an Feiertagen für die Arbeitswelt – vorliegen.

Auf dem Schlussantrag des Generalanwalts fußend, fällte im Jänner 2019 – beinahe vier Jahre nach dem Anstoß – der EuGH schließlich seine Entscheidung. Basierend auf der Tatsache, dass die Religionsfreiheit zu den im Unionsrecht anerkannten Rechten und Grundfreiheiten gehört, erkannte er eine unterschiedliche Behandlung vergleichbarer Situationen, was einer Diskriminierung entspricht. Darüber hinaus fasste er das folgenschwerere Urteil, dass, solange der Mitgliedsstaat [Anm: Österreich] die gesetzlichen Änderungen zur Gleichstellung nicht schaffe, allen Arbeitnehmern das gleiche Recht auf ein Zusatzentgelt für eine an diesem Tag erbrachte Arbeitsleistung zustehe.

Dieser zweite Punkt, der in die Zukunft abgezielt war und kaum eine Anwendung in die Vergangenheit haben sollte – was eine vorherige Ankündigung des Urlaubswunsches des Arbeitnehmers erfordert hätte – stellte den Auslöser für die folgenden politischen, medialen und gesellschaftlichen Diskussionen und Änderungen dar. Binnen kürzester Zeit – noch vor dem nächsten Karfreitag – musste eine Lösung gefunden werden. Die ursprüngliche Klage des Arbeitnehmers wurde an das Gericht erster Instanz zurückverwiesen und endete im Spätsommer 2019 mit einem Vergleich.

Die Regierung setzte eine „Taskforce“ ein, die die unterschiedlichsten Vorstellungen, Wünsche und Forderungen – die je nach Vertretungsorgan stark divergierten und von kompletter Abschaffung bis zu einem zusätzlichen Feiertag für alle reichten – zu einem Kompromiss zusammenzuführen hatte. *„Es soll niemandem etwas weggenommen werden"*, gab der zuständige Kanzleramtsminister bekannt. Diese Ankündigung konnte nicht eingehalten werden.

Nachdem die Idee eines „halben Feiertages" lanciert war, wurde sie auch schon wieder verworfen. Ende Februar folgten, nach viel politischem Hick-Hack, die jetzigen Bestimmungen zum „persönlichen Feiertag" mit einseitigem Urlaubsantrittsrecht. Es kam ua zu Änderungen im *Arbeitsruhegesetz*, dem *Feiertagsgesetz*, dem *Beamtendienstrechtsgesetz* oder im *Gehaltsgesetz.* Vor allem aber kam es zu einer Adaptierung des Generalkollektivvertrages 1952 und zur Streichung des Feiertages am Karfreitag für die bis jetzt privilegierten Angehörigen der Evangelischen Kirche A.B. und H.B., der Altkatholischen und der Methodistischen Kirche. Mit Inkrafttreten der Gesetzesnovellierung steht jedem Arbeit- und Dienstnehmer das Recht zu, einen Tag aus seinem Urlaubskontingent drei Monate vor Inanspruchnahme als „persönlichen Feiertag" zu deklarieren. In diesem Falle ist die Genehmigung des Vorgesetzten grundsätzlich nicht notwendig.

Wird der Arbeitnehmer vom Arbeitgeber „ersucht" dennoch seiner Arbeit an diesem Tag nachzugehen, so gebührt ihm das doppelte Entgelt. Beamte „haben" jedoch ihrer Dienstverrichtung nachzugehen, wenn ein besonderes öffentliches Interesse besteht und die Aufrechterhaltung des Dienstbetriebes zwingend notwendig ist.

Dieser Regelung unterliegen rund 24.000 Bundesbedienstete im Österreichischen Bundesheer. Die Modifizierung der gesetzlichen Bestimmungen wurde bereits angeführt. Die dienstbetrieblichen

Regelungen wurden für die nachgeordneten Dienststellen durch die zuständige *Abteilung Menschenorientierte Führung und Wehrpolitik* in einem Erlass verlautbart. Mitzuberücksichtigen sind ua Bestimmungen in der Überstundenabgeltung oder im Zeitguthabenabbau. Weiterführende Erlässe sind aufgrund ressortinterner Abstimmungsmodalitäten noch nicht ergangen. Rund 1.300 Personen – ca fünf Prozent der Bediensteten – verloren als Angehörige der Protestantischen Kirche den Feiertag. Aufgrund einer Bestimmung aus dem Jahr 1963 steht es jeder Ressortleitung zu, am Karfreitag ab 12.00 Uhr den Dienst ruhen zu lassen. Diese gängige Praxis führte dazu, dass am heurigen Karfreitag kein Bediensteter des ÖBH vom „persönlichen Feiertag" Gebrauch machte.

Vom Wirksamwerden der Karfreitagsregelung bis Ende September 2019 wurden lediglich 47 „persönliche Feiertage" von Beamten im Verteidigungsressort eingereicht. 30 davon wurden im Zuge der Flugshow „AIRPOWER 2019" als Protestaktion genutzt, um auf vermeintlich schlechte Dienstverträge aufmerksam zu machen.

Die gegenständliche Arbeit stellt das Vorrangprinzip des Europarechts gegenüber der nationalen Rechtsprechung dar. Als Beispiel wurde die Klage eines Arbeitnehmers herangezogen. Im Instanzenzug wurde über den Obersten Gerichtshof um eine Vorabentscheidung des Europäischen Gerichtshof ersucht. Dieser urteilte über die Auslegung einer europäischen Richtlinie, was in weiterer Folge zu Änderungen nationaler Gesetze und einzelner Durchführungsmaßnahmen in Erlässen führte. Durch das Vorrangprinzip wirkt sich eine Entscheidung des Europäischen Gerichtshofs – auf oberster Ebene – mittelbar und sogar unmittelbar beim einzelnen Beamten bzw Bürger – auf unterster Ebene – aus.

4.2 Ausblick

Die sehr verhaltene Inanspruchnahme des „persönlichen Feiertages", mit dem aktuell eine Diskriminierung der Arbeitnehmer nach Religion und Weltanschauung verhindert wird, wird an einer weiteren Diskussion in den nächsten Monaten nicht vorbeiführen. Folgende Aspekte gilt es zu berücksichtigen:

- Abhängig vom Ausgang der Nationalratswahl Ende September und der Zusammensetzung des neuen Parlaments bzw der Regierung wird die Thematik des Karfreitags eine größere oder kleinere politische Dimension erlangen.
- Gesellschaftlich betrachtet spielt der „persönliche Feiertag" für den einzelnen Bürger keine allzu große Rolle. Jeder Arbeit- bzw Dienstnehmer würde naturgemäß einen zusätzlichen Feiertag begrüßen.
- Der Wirtschaft jedoch würde ein Feiertag an einem der umsatzstärksten Tage nicht entgegenkommen. Käme es einerseits zu einem Umsatzrückgang, würden andererseits Mehrkosten für Feiertagsentgelt anfallen.
- Auf emotionaler Ebene ist der Verlust des Karfreitags für die Angehörigen der bisher privilegierten Gruppen sicherlich am größten. Aus dem religiösen Blickwinkel betrachtet könnten sich die schwierigsten Aspekte ergeben. Anzuführen ist der kommende Versöhnungstag, im Oktober Yom Kippur für die Angehörigen der Jüdischen Glaubensgesellschaft. Er stellt einen weiteren Fall einer sachlich gerechtfertigten – als Reaktion auf die Verbrechen der Shoa eingeführt – positiven Diskriminierung dar. Es bleibt abzuwarten, ob analog zum Karfreitag ein Arbeitnehmer eine Klage

wegen vermeintlicher Diskriminierung einbringt. Außerdem würde in einer weiteren Debatte wieder der Tausch mit einem anderen gesetzlich verankerten Feiertag entstehen. Diesem Kompromiss wird sich vor allem die Röm.-Kath. Kirche entgegenstellen. Ob ein zusätzlicher Feiertag kommen sollte, der von jeder staatlich anerkannten Religionsgemeinschaft frei gewählt werden könnte, bleibt in Hinblick auf die Bürger keiner Religion bzw der nicht anerkannten, fraglich.

- Darüber hinaus steht die Androhung einer Verfassungsklage durch die Spitze der Evangelischen Kirche im Raum. Diese befindet den Eingriff in den Generalkollektivvertrag 1952 als verfassungswidrig und will – vor allem um den Verlust des Karfreitags auszugleichen – rechtlich dagegen vorgehen. Die Prüfung des im Herbst eingebrachten Individualantrages ist der erste Schritt.

Zum jetzigen Zeitpunkt sind die weiteren Schritte und Maßnahmen nicht absehbar. In jedem Fall jedoch wird die Karfreitagsregelung pünktlich vor der nächsten Osterzeit auf allen Ebenen des gesellschaftlichen und politischen Lebens diskutiert werden. Im Zweifelsfalle wird weiterhin der Europäische Gerichtshof als Korrektiv dienen und „*case-law*“ schaffen.

5 Anhang

5.1 Abbildungsverzeichnis

5.2 Literaturverzeichnis

5.2.1 Sekundärquellen

- Antidiskriminierungsstelle des Bundes, Zusammenfassung ausgewählter EuGH-Entscheidungen zum Antidiskriminierungsrecht ab dem Jahr 2000 (2019)
- *Borchardt*, ABC des EU-Rechts (2018)
- *Dax/Hopf*, Abkürzungs- und Zitierregeln der österreichischen Rechtssprache und europarechtlicher Rechtsquellen [8] (2019)
- EuGH, Jahresbericht 2018 (2019)
- *Fischer/Köck*, Heribert Franz: Einführung in das Institutionelle Europarecht, (2018)
- *Fischer*/Peter; *Köck*, Heribert Franz: Einführung in das Recht der internationalen Staatengemeinschaft (2019)
- Gerichtshof der Europäischen Union, Jahresbericht 2018 (2019)
- *Hauser*, EU – quo vadis? Entscheidungsprozesse, Ideen, Legenden & Mythen von A bis Y, (2019)
- *Henhapel*, internes Positionspapier zu „Feiertage in Österreich", Bundeskanzleramt (2019)
- *Krimphove*, Europarecht [2] (2014)
- *Thanner,* (Hausarbeit) Grundzüge der Österreichischen Militärkultur (2018)
- *Thanner*, (Hausarbeit) Das militärische Leichen- und Bestattungswesen – Eine Beleuchtung der aktuellen Situation im Österreichischen Bundesheer (2019)

5.2.2Beiträge

- *Erler,* Der neue „persönliche Feiertag" als „Ersatz" für den Karfreitag!?, ÖZPR 2019/42, 68
- *Friedrich*, Der persönliche Feiertag, ASoK 2019, 202
- *Geiblinger*, Das Feiertagsstatut bei der Entsendung in osteuropäische EU-Mitgliedsstaaten, ASoK 2019, 334
- *Gleißner*, Neuregelung Karfreitag, ZAS 2019/16, 95
- *Glowacka*, Die neue Karfreitagslösung, ASoK 2019, 122
- *Haider*, Karfreitag: Für kurze Zeit ein Feiertag für alle, ecolex 2019, 352
- *Mayer*, Feiertage und Diskriminierung aufgrund der Religion im österreichischen Arbeitsrecht, ecolex 2004/6, 428
- *Rohrer/Glowacka*, Karfreitag: Feiertagsentgelt für alle, EvBl 2019/124, 866
- *Wiesinger,* Der Normallohntarif und abweichende Regelungen im Kollektivvertrag, ZAS 2019/29, 160
- *Windisch-Graetz*, Freistellung bei Entgeltfortzahlung aus religiösen Gründen, ZAS 2017/26, 147

5.2.3 Gesetze und Bestimmungen

(in der Reihenfolge europäische und nationale)

- Allgemeine Erklärung der Menschenrechte, A/RES/217 A(III) vom 10.12.1948
- European Council, 11197/07, JUR 260, 22.06.2007
- Gesetz über den Schutz der Sonn- und Feiertage (Feiertagsgesetz – FTG), 21. Mai 1980, (BayRS II S172) BayRS 1131-3-I
- RL 2000/78/EG des Rates vom 27. November 2000 zur Festlegung eines allgemeinen Rahmens für die Verwirklichung der Gleichbehandlung in Beschäftigung und Beruf, ABl L 303
- RL 2000/43/EG des Rates vom 29. Juni 2000 zur Anwendung des Gleichbehandlungsgrundsatzes ohne Unterschied der Rasse oder der ethischen Herkunft, ABl L 180
- RL 2006/54/EG des Europäischen Parlaments und des Rates vom 5. Juli 2006 zur Verwirklichung des Grundsatzes der Chancengleichheit und Gleichbehandlung von Männern und Frauen in Arbeits- und Beschäftigungsfragen, ABl L 204/23
- Verordnung (EU) 2016/679 des Europäischen Parlaments und des Rates vom 27. April 2016 zum Schutz natürlicher Personen bei der Verarbeitung personenbezogener Daten, zum freien Datenverkehr und zur Aufhebung der Richtlinie 97/45/EG (Datenschutz-Grundverordnung), ABl L 119/1
- Vertrag über die Arbeitsweise der Europäischen Union, ABl C 326/47
- Vertrag über die Europäischen Union, ABl C 326

- Allgemeines bürgerliches Gesetzbuch für die gesamten deutschen Erbländer der Oesterreichischen Monarchie, JGS 1811/946
- Bundesgesetz, mit dem das Arbeitsruhegesetz, das Bäckereiarbeiter/innengesetz 1996, das Feiertagsruhegesetz 1957, das Landarbeitsgesetz 1984 und das Land- und Forstarbeiter-Dienstrechtsgesetz geändert werden, 500 der Beilagen XXVI. GP
- Bundesgesetz über das Dienstverhältnis der Richterinnen und Richter, Staatsanwältinnen und Staatsanwälte und Richteramtsanwärterinnen und Richteramtsanwärter (Richter- und Staatsanwaltschaftsdienstgesetz - RStDG), BGBl 1961/305
- Bundesgesetz über die äußeren Rechtsverhältnisse islamischer Religionsgesellschaften (Islamgesetz 2015) BGBl I 2015/39
- Bundesgesetz über die Gleichbehandlung (Gleichbehandlungsgesetz - GlBG) BGBl I 2004/66
- Bundesgesetz über die Gleichbehandlung im Bereich des Bundes (Bundes-Gleichbehandlungsgesetz – B-GlBG) BGBl 1993/100
- Bundesgesetz vom 03.02. 1983 über die wöchentliche Ruhezeit und die Arbeitsruhe an Feiertagen (Arbeitsruhegesetz - ARG) BGBl 1983/144
- Bundesgesetz vom 29. Feber 1956 über die Bezüge der Bundesbeamten (Gehaltsgesetz 1956 – GehG), BGBl 1956/54
- Bundesgesetz vom 27. Juni 1979 über das Dienstrecht der Beamten (Beamten-Dienstrechtsgesetz 1979 – BDG 1979), BGBl 1979/333
- Bundesgesetz vom 14. Dezember 1973 betreffend die Arbeitsverfassung (Arbeitsverfassungsgesetz – ArbVG), BGBl 1974/22
- Feiertagsruhegesetz 1957, BGBl 1957/153
- Internationale Übereinkunft zur Beseitigung jeder Form von Rassendiskriminierung BGBl 1972/377
- Internationaler Pakt über Bürgerliche und Politische Rechte BGBl 1978/591

- Konkordat zwischen dem Heiligen Stuhle und der Republik Österreich samt Zusatzprotokoll, BGBl II 1934/2
- Konvention zum Schutze der Menschenrechte und Grundfreiheiten, BGBl 1958/210
- Öffnungszeitengesetz 2003, BGBl I 2003/43
- Übereinkommen über die Rechte von Menschen mit Behinderungen sowie das Fakultativprotokoll zum Übereinkommen über die Rechte von Menschen mit Behinderungen BGBl III 2008/155
- Verordnung des Bundesministers für Landesverteidigung über das Führen militärischer Dienstgrade (Dienstgradeverordnung 2018 – DGV 2018), BGBl II 2018/135
- Verordnung der Bundesregierung vom 9. Jänner 1979 über die Allgemeinen Dienstvorschriften für das Bundesheer (ADV), BGBl 1979/43
- Wiener Bedienstetengesetz (W-BedG), LGBl 2017/33

5.2.4 Urteile der Gerichtshöfe

(in der Reihenfolge europäische und nationale – nach Datum)

- EuGH C-26/62, *Van Gend en Loos / Administratie der Belastingen*, ECLI:EU:C:1962:42
- EuGH C-6/64, *Costa /E.N.E.L*, ECLI:EU:C:1964:66
- EuGH C-48/65, *Lütticke / Kommission*, ECLI:EU:C:1966:8
- EuGH C-93/71, Leonensio / Minstero dell' Agricoltura e Foreste, ECLI:EU:C:1972:39
- EuGH C-106/77, *Staatliche Finanzverwaltung / S.p.A. Simmenthal*, ECLI:EU:C:1978:49
- EuGH C-148/78, *Ratti*, ECLI:EU:C:1979:110
- EuGH C-283/81, *CILFIT / Ministero della Sanità*, ECLI:EU:C:1982 :335
- EuGH C-178/84, *Kommission / Bundesrepublik Deutschland*, ECLI:EU:C:1987:126
- EuGH C-213/89, *The Queen / Secretary of State for Transport*, ECLI:EU:C:1990:257
- EuGH C-6/90 u C-9/90, *Francovich / Italienische Republik*, ECLI:EU:C:1991:428
- EuGH C-91/92, *Faccini Dori / Recreb*, ECLI:EU:C:1994/292
- EuGH C-285/98, *Kreil / Bundesrepublik Deutschland*, ECLI:EU:C:2000:2
- EuGH C-157/15, *Samira Achbita / G4S Secure Solutions*, ECLI:EU:C:2017/203
- EuGH C-188/15, *Asma Bougnaoui / Micropole SA*, ECLI:EU:C:2017 :204
- EuGH C-414/16, *Egenberger / Evangelisches Werk*, ECLI:EU:C:2018/257
- EuGH C-68/17, *IR / IQ*, ECLI:EU:C:2018/696
- EuGH C-193/17, *Cresco*, ECLI:EU:C:2019/43
- EuGH C-396/17, *Martin Leitner / Landespolizei Tirol*, ECLI:EU:C:2019/375
- EuGH C-591/17, *Republik Österreich / Bundesrepublik Deutschland*, ECLI:EU:C:2019:504
- EuGH C-24/17, *ÖGB / Republik Österreich*, ECLI:EU:C:2019/373

- ASG 16 Cga 86/15f-7, ECLI:AT:OGH0002:2017:009OBA00075.16V.0324.000.
- OGH 4 Ob 53/17y, ECLI:AT:OGH0002:2017:0040OB00053.17Y.0727.000
- OGH 9 ObA 75/16v, ECLI:AT:OGH0002:2017:009OBA00075.16V.0324.000
- OGH 9 ObA 117/15v, ECLI:AT:OGH0002:2016:009OBA00117.15V.0525.000
- OGH 8 ObA 2058/96x, Arb 11.521,ECLI:AT:OGH0002:1996:RS0101991
- OGH 9 ObA 18/96, ECLI:AT:OGH0002:1991:RS0060858
- OGH 9 ObA 75/16v, ECLI:AT:OGH0002:2017:009OBA00075.16V.0324.000
- OGH 9 ObA 11/19m, ECLI:AT:OGH0002:2019:009OBA00011.19M.0227.000
- OLG 9 ObA 23/16t-11
- VfGH U466/11 ua, ECLI:AT:VFGH:2012:U466.2011

- VwGH 2013/09/0077, ECLI:AT:VWGH:2013:2013090077.X00

5.2.5 Erlässe, Weisungen und Befehle der Ressorts

(in der Reihenfolge der Ressorts alphabetisch bzw nach Vorkommen im Text)

- BKA, Vortrag an den Ministerrat, Dienstbetrieb bei den Bundesdienststellen zu den Osterfeiertagen, Zl 33.225-3/63, 08.03.1963
- BKA, Vortrag an den Ministerrat, Arbeitsruhe im öffentlichen Dienst an Feiertagen und aus besonderen Anlässen, 16.01.1956, Zl 99.925-3/1955

- BMLV, 2. Dienstrechtsnovelle 2019, Anrechnung von Vordienstzeiten, Information, 12.09.2019,GZ S91354/168-PersA/2019
- BMLVS, Bedeutung und Abgrenzung der Rechtsbegriffe „Bundesheer" und „Streitkräfte aus wehr- und völkerrechtlicher Sicht; 23.07.2009, GZ S91022/1-GrpRechtLeg/2009
- BMLV, Beratungen mit dem ZA/BMLV hinsichtlich Persönlicher Feiertag, 06.06.2019, GZ S90000/98-PersA/2019
- BMLV, Erreichbarkeit Abt VPol am Karfreitag 19.04.19.; Information, 10.04.2019, GZ S90000/19-VPol/2019
- Vgl BMLV, Erfassung des persönlichen Feiertages in der Applikation PAAN – Anordnung, 07.10.19., GZ S90130/25-PersA/2019
- BMLV, Geschäftseinteilung für die Zentralstelle des BMLV, 18.07.19, GZ S90582/7-SI/2019
- BMLV, Im Monatsbezug bereits inkludierte Mehrdienstleistungen im Zusammenhang mit dem Gleitzeitdienstplan, 28.12.2018, GZ S90130/5-GrpPersErg/2018
- BMLV, Journaldienste am Karfreitag – Zusammenhang mit der Zeitkarte – Bitte um Klärung, 20.01.2019, GZ S90130/1-KdoLog/G1/2019
- BMLV, Journaldienste am Karfreitag – Zusammenhang mit der Zeitkarte – Information, 06.02.19, GZ S90130/1/MFW-2019
- BMLV, Richtlinien für die Behandlung strenggläubig Angehöriger anerkannter Kirchen und Religionsgesellschaften, 31.08.2018, GZ S93109/4-MFW/2018, VBl I 2018/92
- BMLV, „Richtlinie für den Datenschutz im BMLV", 17.12.2018, GZ S90181/10-Präs/2018, VBl I 2018/112
- BMLV, Standesübersicht für 01.09.2019, 11.09.2019, GZ S91382/9-PersA/2019
- BMLV, Urlaub, Pflegefreistellung, Familienhospizfreistellung, Dienstfreistellung, Außerdienststellung und Dienstbefreiung, Neufassung, 18.05.2017, GZ S 91399/3-PersA/2017, VBl I 2017/53
- BMLV, Zeitordnung für den nachgeordneten Bereich, Richtlinien – Neufassung, 22.11.2018, GZ S93105/23-MFW/2018; VBl I 2019/1
- BMLV, Zeitordnung für die Zentralstelle, Richtlinien – Neufassung 2019, 11.03.2019, GZ S90585/1-SI/2019, VBl I 2019/40

- BMöDS, Beantwortung der Parlamentarischen Anfrage 2777/J, 26.03.2019, GZ BMöDS-11001/0011-I/A/5/2019
- BMöDS, Rundschreiben 2.Dienstrechts-Novelle 2018, Dienstrechts-Novelle 2019 und aktuelle Fragestellungen, 13.05.2019, GZ BMöDS-920.900/0003-III/A/1/2019
- BMVRDJ-EU15116/0001-EU/2019, Erlass vom 8. Jänner 2019 über den Stand der von österreichischen ordentlichen Gerichten eingeleiteten Vorabentscheidungsverfahren mit Stichtag 1. Jänner 2019

5.2.6 Onlinequellen

Die Nennung der Onlinequellen erfolgt alphabetisch in der Reihenfolge nach dem Namen des Autors, der Behörde / Organisation und des Veröffentlichungsmediums.

Onlinequellen nach Namen des Autors:

- *Aichinger*, Karfreitag: Ein Feiertag auf Antrag, https://diepresse.com/home/panorama/religion/5566840/Karfreitag_Ein-Feiertag-auf-Antrag (Stand: 27.08.19)
- *Corcoll*, In diesen Ländern gibt es die meisten freien Tage, https://www.welt.de/wirtschaft/bilanz/article161759279/In-diesen-Laendern-gibt-es-die-meisten-freien-Tage.html (Stand: 27.06.19)
- *Eberhard*, Frauen dürfen nicht immer Vorrang haben, Standard vom 23.03.2011, https://www.derstandard.at/story/516402/frauen-duerfen-nicht-immer-vorrang-haben- (Stand: 14.08.2019)
- *Felke*, Warum Österreichs Islamgesetz kein Vorbild ist, https://www.zeit.de/gesellschaft/zeitgeschehen/2017-04/islamgesetz-cdu-wahlkampf-oesterreich-deutschland (Stand: 26.08.2019)
- *Hofmann*, Europarecht I, Frankfurt, 2012, 5. http://www.jura.uni-frankfurt.de/43679963/Generic_43679963.pdf (Stand: 09.07.2019)
- *Holzinger*, Holzinger zur neuen Karfreitagsregelung: ‚Persönlicher Feiertag ist nett verpackter Urlaubsraub, http://daniela-holzinger.at/blog/Holzinger-zur-neuen-Karfreitagsregelung--%E2%80%9EPers%C3%B6nlicher-Feiertag-ist-nett-verpackter-Urlaubsraub%E2%80%9C_blogID-270 (Stand: 03.09.2019)
- *Hummer*, Konsequenzen des ‚Karfreitag-Urteils' des EuGH für die österreichische Rechtsordnung, http://www.eu-infothek.com/konsequenzen-des-karfreitag-urteils-des-eugh-fuer-die-oesterreichische-rechtsordnung/ (Stand: 21.08.2019)
- *Hummer*, Vom ‚halben Feiertag' am Karfreitag zum ‚persönlichen Feiertag' nach eigener Wahl, http://www.eu-infothek.com/vom-halben-feiertag-am-karfreitag-zum-persoenlichen-feiertag-nach-eigener-wahl/ (Stand: 26.08.2019)
- *Jach*, Bundeswehr - Frauen im Gleichschritt, Focus Magazin 3/2000, https://www.focus.de/politik/deutschland/bundeswehr-frauen-im-gleichschritt_aid_182359.html (Stand: 14.08.2019)
- *Lijnden*, Wie folgsam ist der EuGH?, https://www.faz.net/aktuell/politik/inland/wie-folgsam-ist-der-eugh-15330065.html (Stand: 15.07.2019)
- *Paulmichl,* Diskriminierung macht vor niemandem Halt: 40 Jahre Gleichbehandlung, in: Tiroler Tageszeitung vom 16.06.2019., https://www.tt.com/panorama/gesellschaft/15747831/diskriminierung-macht-vor-niemandem-halt-40-jahre-gleichbehandlung (Stand: 12.08.2019)
- *Pechstein*, Prüfungsschema zum Vorabentscheidungsverfahren nach Art 267 AEUV, https://www.rewi.europa-uni.de/de/lehrstuhl/or/europarecht/Materialien/Pruefungsschemata/Vorabentscheidungsverfahren.pdf (Stand: 12.08.2019)
- *Pieper*, Spiegel online, Immer weniger Deutsche glauben an Gott, https://www.spiegel.de/panorama/gesellschaft/christen-an-ostern-immer-weniger-deutsche-glauben-an-gott-a-1263630.html (Stand: 04.09.2019)
- *Smetana*, Überraschendes Ergebnis der Umfrage zum Karfreitag, https://www.sn.at/politik/innenpolitik/glosse-ueberraschendes-ergebnis-der-umfrage-zum-karfreitag-65006710 (Stand: 28.08.2019)
- *Tobler/Beglinger,* Das Wesen des EU-Rechts, www.eur-charts.eu (Stand: 03.07.19)

- *Wanderer*, Feiertage: Gleiches Recht für alle, https://www.derstandard.at/story/2000005934350/feiertage-gleiches-recht-fuer-alle (Stand: 26.08.2019)
- *Woitas*, EuGH kippt deutsche PKW-Maut, https://diepresse.com/home/ausland/eu/5646000/EuGH-kippt-deutsche-PkwMaut (Stand: 15.07.2019)

Onlinequellen nach Namen der Behörde / Organisation:

- Arbeiterkammer, Anderl: Die Regierung nimmt den Menschen einen Feiertag weg., https://www.arbeiterkammer.at/interessenvertretung/arbeitundsoziales/karfreitag/Die_Regierung_nimmt_den_Menschen_einen_Feiertag_weg.html (Stand: 05.03.2019)
- Bundesministerium für Verfassung, Reformen, Deregulierung und Justiz, Vorabentscheidungsverfahren, https://www.justiz.gv.at/web2013/home/buergerservice/die-justiz-von-a-bis-z/v/vorabentscheidungsverfahren.de.html (Stand: 12.08.2019)
- EPD, EPD 2019 in Österreich, https://www.equal-pay-day.at/at/epd2019/ (Stand: 13.08.2019)
- Europa Universität Frankfurt, Der Fall Marschall, https://www.rewi.europa-uni.de/de/lehrstuhl/or/europarecht/deluxe/archiv/Marschall.pdf (Stand: 14.08.2019)
- european justice, European Case Law Identifier, https://e-justice.europa.eu/content_european_case_law_identifier_ecli-175-de.do (Stand: 12.07.2019)
- Erzdiözese Wien, Bischofskonferenz begrüßt neue Karfreitagsregelung der Regierung, https://www.erzdioezese-wien.at/site/home/nachrichten/article/72426.html (Stand: 26.02.19)
- Erzdiözese Wien, Zulehner zum Karfreitag: Religion nicht privatisieren, https://www.erzdioezese-wien.at/site/home/nachrichten/article/72598.html (Stand: 04.09.2019)
- Evangelische Kirche in Österreich, Karfreitag: Gespräche über Lösungsvorschläge gehen weiter, https://evang.at/karfreitag-gespraeche-ueber-loesungsvorschlaege-gehen-weiter/ (Stand: 28.08.2019)
- Evangelische Kirche, Karfreitag – Bischof Bünker wendet sich in Brief an alle Pfarrgemeinden, https://cdn.evang.at/wp-content/uploads/2019/03/190303_buenker_karfreitag_brief_pfarrgemeinden.pdf (Stand: 26.03.2019)
- Evangelische Kirche in Österreich, Synode verabschiedet Resolution zum Karfreitag, https://evang.at/synode-verabschiedet-resolution-zum-karfreitag/ (Stand: 09.03.2019)
- Evangelische Kirche in Österreich, Fischer: Identitätswunde der Evangelischen liegt wieder offen, https://evang.at/fischer-identitaetswunde-der-evangelischen-liegt-wieder-offen/ (Stand: 14.06.2019)
- Evangelische Kirche in Österreich, Karfreitag: Betroffene Kirchen lassen Regelung bei Verfassungsgerichtshof prüfen, https://evang.at/karfreitag-betroffene-kirchen-lassen-regelung-bei-verfassungsgerichtshof-pruefen/ (Stand: 27.09.2019)
- Evangelisch-Methodistische Kirche, Bünker zum ‚persönlichen Feiertag': Positive Lösung mit Wermutstropfen, http://www.emk.at/blog/buenker-zum-persoenlichen-feiertag-positive-loesung-mit-wermutstropfen (Stand: 03.09.2019)
- Evangelisch-Methodistische Kirche, Bünker zum persönlichen Feiertag, http://www.emk.at/blog/buenker-zum-persoenlichen-feiertag-positive-loesung-mit-wermutstropfen (Stand: 03.09.2019)
- Gerichtshof der Europäischen Union, Pressemitteilung Nr. 39/19, Rechtsprechungsstatistik 2019, Luxemburg, 25.03.19, https://curia.europa.eu/jcms/upload/docs/application/pdf/2019-03/cp190039de.pdf (Stand: 12.07.2019)
- Gerichtshof der Europäischen Union (EuGH), https://europa.eu/european-union/about-eu/institutions-bodies/court-justice_de (Stand: 15.07.2019)

- Gleichbehandlungsanwaltschaft, https://www.gleichbehandlungsanwaltschaft.gv.at/gleichbehandlungsrecht-in-osterreich (Stand: 13.08.2019)
- GPA-djp, Freizeit-Umfrage, https://www.gpa-djp.at/cms/A03/A03_0/home (Stand: 25.06.19)
- Handelsverband: EuGH-Urteil zum Karfreitag darf beschäftigungsintensive Branchen nicht zusätzlich belasten, https://www.handelsverband.at/presse/presseaussendungen/eugh-urteil-zum-karfreitag/ (Stand: 28.08.2019)
- Katholische Kirche, Bünker: Einsatz für freien Karfreitag geht weiter, https://www.katholisch.at/aktuelles/127012/buenker-einsatz-fuer-freien-karfreitag-geht-weiter (Stand: 30.08.2019)
- Oberster Gerichtshof, Vorabentscheidungsersuchen an den Europäischen Gerichtshof, https://www.ogh.gv.at/entscheidungen/vorabentscheidungsersuchen-eugh/ (Stand: 12.07.2019)
- oesterreich.gv.at, https://www.oesterreich.gv.at/themen/leben_in_oesterreich/kirchenein___austritt_und_religionen/3/Seite.820015.html (Stand: 11.09.2019)
- ÖGB, Feiertag am Karfreitag gestrichen, https://www.oegb.at/cms/S06/S06_0.a/1342606612228/home/feiertag-am-karfreitag-gestrichen (Stand: 29.08.2019)
- ÖGB, Karfreitag: Gewerkschaft prüft rechtliche Schritte, https://www.oegb.at/cms/S06/S06_0.a/1342606689274/home/karfreitag-gewerkschaft-prueft-rechtliche-schritte?d=Touch (Stand: 03.09.2019)
- ÖGB, Karfreitag nicht frei, https://www.oegb.at/cms/S06/S06_0.a/1342609743075/home/karfreitag-nicht-frei?d=Touch (Stand: 05.09.2019)
- ÖGB, ÖGB bereitet Klage gegen Karfreitagsregelung vor, https://www.oegb.at/cms/S06/S06_0.a/1342610972887/home/oegb-bereitet-klage-gegen-karfreitagsregelung-vor?d=Touch (Stand: 15.05.2019)
- ÖGB, Nationalratswahl 2019, https://www.oegb.at/cms/S06/S06_0.a/1342616314687/home/nationalratswahl-2019 (Stand: 05.09.2019)
- Parlament, Entschließungsantrag 586/A(E) XXVI.GP, https://www.parlament.gv.at/PAKT/VHG/XXVI/A/A_00586/imfname_734860.pdf (Stand: 26.02.2019)
- Parlament, Parlamentskorrespondenz Nr 149 vom 19.02.2019, Karfreitag: Sozialausschuss schickt Koalitionsantrag noch ohne konkrete Bestimmungen ins Plenum, https://www.parlament.gv.at/PAKT/PR/JAHR_2019/PK0149/index.shtml (26.02.2019)
- Parlament, Anfrage 2901/J vom 21.02.2019 (XXVI. GP), https://www.parlament.gv.at/PAKT/VHG/XXVI/J/J_02901/imfname_738254.pdf (Stand: 18.02.2019)
- Parlament, Antrag 606/A vom 30.01.2019 (XXVI. GP), https://www.parlament.gv.at/PAKT/VHG/XXVI/A/A_00606/imfname_735048.pdf (Stand. 07.02.2019)
- Parlament, Parlamentskorrespondenz Nr 190 vom 27.02.2019, https://www.parlament.gv.at/PAKT/PR/JAHR_2019/PK0190/index.shtml (Stand: 28.02.2019)
- Parlament, Bundesgesetz, mit dem das Arbeitsruhegesetz, das Bäckereiarbeiter/innengesetz 1996, das Feiertagsruhegesetz 1957, das Landarbeitsgesetz 1984 und das Land- und Forstarbeiter- Dienstrechtsgesetz geändert werden, 500 der Beilagen XXVI. GP, https://www.parlament.gv.at/PAKT/VHG/XXVI/BNR/BNR_00154/fname_739436.pdf (Stand: 02.04.2019)

- Parlament, Parlamentskorrespondenz Nr 261 vom 14.03.2019, https://www.parlament.gv.at/PAKT/PR/JAHR_2019/PK0261/index.shtml (Stand: 29.03.2019)
- Parlament, Parlamentarische Anfrage 2777/J vom 01.02.2019 (XXVI.GP), https://www.parlament.gv.at/PAKT/VHG/XXVI/J/J_02777/imfname_736302.pdf (Stand: 02.04.2019)
- Parlament, Parlamentskorrespondenz Nr 307 vom 27.03.2019, Neue Karfreitags-Regelung wird mit Abstrichen auch für BeamtInnen gelten, https://www.parlament.gv.at/PAKT/PR/JAHR_2019/PK0307/index.shtml (Stand: 29.03.2019)
- Report (+) Plus, Karfreitag – Die große Umfrage, https://cms.law/de/AUT/News-Information/Die-grosse-Umfrage-Karfreitag (Stand: 27.08.2019)
- Vereinigung der Österreichischen Richterinnen und Richter, Stufenbau der Rechtsordnung, https://richtervereinigung.at/justiz/rechtssystem/stufenbau-der-rechtsordnung/ (Stand: 14.10.19)
- wko, Beschäftigung von Mitarbeitern im Handel am 8. Dezember, https://www.wko.at/service/arbeitsrecht-sozialrecht/Beschaeftigung-von-Mitarbeitern-im-Handel-am-8.-Dezember.html (Stand: 28.06.2019)
- wko, Generalkollektivvertrag Karfreitagsregelung, https://www.wko.at/service/kollektivvertrag/general-kv-karfreitagsregelung-rahmen.html (Stand: 20.08.19)

Onlinequellen nach Namen des Mediums der Veröffentlichung:

- APA, SPÖ will Verbot von Altersdiskriminierung in Verfassung schreiben, https://diepresse.com/home/innenpolitik/5673433/SPOe-will-Verbot-von-Altersdiskriminierung-in-Verfassung-schreiben
- Aphorismen.de, https://www.aphorismen.de/suche?f_thema=Freizeit&seite=2 (Stand: 27.06.2019)
- beck aktuell, EuGH moniert erneut Altersdiskriminierung österreichischer Beamten, https://rsw.beck.de/aktuell/meldung/eugh-stellt-erneut-diskriminierung-von-beamten-wegen-des-alters-in-oesterreich-fest (Stand: 14.08.2019)
- Der Standard, Persönlicher Feiertag für Karfreitag lässt alle kalt, https://www.derstandard.at/story/2000100678031/persoenlicher-feiertag-fuer-karfreitag-laesst-alle-kalt (Stand: 03.04.2019)
- Der Standard, 30 Soldaten beantragen am Tag der Airpower „persönlichen Feiertag, https://www.derstandard.at/story/2000105098831/30-soldaten-beantragten-am-tag-der-airpower-persoenlichen-feiertag (Stand: 24.06.2019)
- Die Presse, Alle Jahre wieder: Der Kampf um den 8. Dezember, https://diepresse.com/home/wirtschaft/economist/435155/Alle-Jahre-wieder_Der-Kampf-um-den-8-Dezember (Stand: 01.07.2019)
- Die Presse, Karfreitag: Prozess zu Ende, https://diepresse.com/home/wirtschaft/economist/5681024/Karfreitag_Prozess-zu-Ende (Stand: 28.08.2019)
- Die Presse, ÖVP und FPÖ einig: Karfreitag wird ein halber Feiertag, https://diepresse.com/home/innenpolitik/5582000/OeVPFPOe-einig_Karfreitag-wird-halber-Feiertag (Stand: 19.02.2019)
- Die Presse, 30 Soldaten beantragen am Tag der Airpower „persönlichen Feiertag", https://diepresse.com/home/innenpolitik/5646601/30-Soldaten-beantragen-am-Tag-der-Airpower-persoenlichen-Feiertag (Stand: 24.06.2019)
- Die Presse: SPÖ, Jetzt und Grüne beharren auf Karfreitags-Feiertag für alle, https://diepresse.com/home/innenpolitik/nationalratswahl/5693073/SPOe-Jetzt-und-Gruene-beharren-auf-KarfreitagsFeiertag-fuer-alle (Stand: 21.09.19)
- Duden, Freizeit", https://www.duden.de/rechtschreibung/Freizeit (Stand: 27.06.2019)

- Heute, Karfreitag wird Fall für Verfassungsgerichtshof, 27.09.2019 und https://www.heute.at/s/evangelische-kirchen-bringen-karfreitag-vor-verfassungsgerichtshof-vfgh-49681554 (Stand: 27.09.2019)
- Kathpress, Schipka: Karfreitagslösung nicht ganz im Sinne der Evangelischen, https://www.bischofskonferenz.at/124654/schipka-karfreitagsloesung-nicht-ganz-im-sinn-der-evangelischen (21.02.2019)
- kathpress, Wahl 2019: Bischof Chalupka stellt Parteien Karfreitagsfrage, https://www.kathpress.at/goto/meldung/1806467/wahl-2019-bischof-chalupka-stellt-parteien-karfreitagsfrage (Stand: 20.09.2019)
- Kleine Zeitung, Kärntens Superintendent über Lösung empört und geschockt, https://www.kleinezeitung.at/kaernten/5586546/Karfreitag_Kaerntens-Superintendent-ist-ueber-Loesung-empoert-und (Stand: 03.09.2019)
- Kleine Zeitung, Karfreitag: IV-Chef Kapsch will Feiertage abschaffen, https://www.kleinezeitung.at/wirtschaft/5592634/Persoenliche-Meinung_Karfreitag_IVChef-Kapsch-will-Feiertage (Stand: 04.09.2019)
- Kronen Zeitung, Karfreitag: Schützenhöfer will Feiertag für alle, https://www.krone.at/1937567 (Stand: 24.06.2019)
- Kurier, Die Zukunft des Glaubens, https://kurier.at/leben/die-zukunft-des-glaubens/103.436.387 (Stand: 04.09.2019)
- Kurier, Karfreitag: Verfassungsklage liegt in der Schublade, https://kurier.at/politik/inland/karfreitag-verfassungsklage-liegt-in-der-schublade/400534249 (Stand: 26.06.2019)
- Kurier, Religionen in Österreich, https://kurier.at/chronik/oesterreich/religionen-in-oesterreich-700-000-muslime-5-16-mio-katholiken/258.111.718 (Stand: 11.09.2019)
- Kurier, Protestaktion: Soldaten nehmen bei Airpower „persönlichen Feiertag, https://kurier.at/politik/inland/protestaktion-soldaten-nehmen-bei-airpower-persoenlichen-feiertag/400527952 (Stand: 24.06.2019)
- ORF red, Bischof Bünker übergab Petition zu Karfreitag, https://orf.at/#/stories/3116826/ (Stand: 28.03.2019)
- ORF red, Karfreitag: Für IGGÖ ‚vernünftige Zwischenlösung', https://religion.orf.at/stories/2966925/ (Stand: 29.02.2019)
- ORF red, Karfreitag kein Feiertag mehr, https://orf.at/stories/3113055/ (Stand: 03.09.2019)
- ORF red, Bünker warnt vor ‚Privatisierung' von Feiertagen, https://religion.orf.at/stories/2975944/ (Stand: 17.04.2019)
- ORF red, Kirchen protestieren gegen Feiertagsstreichung, https://religion.orf.at/stories/2977008/ (Stand: 19.04.2019)
- ORF red, Karfreitag: Friedlicher Protest der Kirchen, https://religion.orf.at/stories/2976495/ (Stand: 17.04.2019)
- ORF red, Persönlicher Karfreitag als Fleckerlteppich, https://oesterreich.orf.at/v2/stories/2976600/ (Stand: 18.04.2019)
- ORF red, Chalupka will weiter über Karfreitag reden, https://religion.orf.at/stories/2979870/ (Stand: 07.05.2019)
- OTS 0108, 22.01.2019, AK Steiermark - Karfreitag soll für alle Feiertag werden, https://www.ots.at/presseaussendung/OTS_20190122_OTS0108/karfreitag-soll-fuer-alle-feiertag-sein (Stand: 22.01.2019)
- ORF red, Studie: Jugend kann mit Religion wenig anfangen, https://religion.orf.at/stories/2976134/ (Stand: 16.04.2019)
- OTS 0116, 22.01.2019, AK Wien - AK Rechtsschutz: EuGH-Urteil bringt freien Karfreitag für alle", https://www.ots.at/presseaussendung/OTS_20190122_OTS0116/ak-rechtsschutz-eugh-urteil-bringt-freien-karfreitag-fuer-alle (Stand: 22.01.2019)
- OTS 0045, 22.01.2019, ÖGB-Achitz: Karfreitag muss zum gesetzlichen Feiertag für alle werden, https://www.ots.at/presseaussendung/OTS_20190122_OTS0045/oegb-achitz-karfreitag-muss-zum-gesetzlichen-feiertag-fuer-alle-werden (Stand: 22.01.2019)
- OTS 0141, 22.01.2019, FSG: Karfreitag muss Feiertag für alle werden, https://www.ots.at/presseaussendung/OTS_20190122_OTS0141/fsg-karfreitag-muss-feiertag-fuer-alle-werden (Stand: 22.01.2019)

- OTS 0081. 22.01.2019, Wirtschaftskammer zum Karfreitag: Für gleichheitskonforme Lösung ohne Mehrbelastung der Wirtschaft, https://www.ots.at/presseaussendung/OTS_20190122_OTS0081/wirtschaftskammer-zum-karfreitag-fuer-gleichheitskonforme-loesung-ohne-mehrbelastung-der-wirtschaft (Stand: 22.01.2019)
- OTS 0063, 22.01.2019, Wirtschaftsbund: EuGH-Urteil zum Karfreitag – Umsetzung darf Unternehmen nicht belasten, https://www.ots.at/presseaussendung/OTS_20190122_OTS0063/wirtschaftsbund-eugh-urteil-zum-karfreitag-umsetzung-darf-unternehmer-nicht-belasten (Stand: 22.01.2019)
- OTS 0095, 22.01.2019, Industrie zu EuGH-Karfreitag: Standort nicht weiter belasten, https://www.ots.at/presseaussendung/OTS_20190122_OTS0095/industrie-zu-eugh-karfreitag-standort-nicht-weiter-belasten (Stand: 22.01.2019)
- OTS 0077, 22.01.2019, Schipka: Karfreitag als Feiertag für Evangelische beibehalten, https://www.ots.at/presseaussendung/OTS_20190122_OTS0077/schipka-karfreitag-als-feiertag-fuer-evangelische-beibehalten (Stand: 22.01.2019)
- OTS 0061, 22.01.2019, Bischof Bünker: Karfreitag ist für Evangelische von zentraler Bedeutung, https://www.ots.at/presseaussendung/OTS_20190122_OTS0061/bischof-buenker-karfreitag-ist-fuer-evangelische-von-zentraler-bedeutung (Stand: 22.01.2019)
- OTS 0112, 22.01.2019, SPÖ unterstützt ÖGB Forderung, dass Karfreitag zum gesetzlichen Feiertag für alle wird, https://www.ots.at/presseaussendung/OTS_20190122_OTS0112/spoe-unterstuetzt-oegb-forderung-dass-karfreitag-zum-gesetzlichen-feiertag-fuer-alle-wird (Stand: 22.01.2019)
- OTS 0145, 22.01.2019, Zinggl/JETZT: Prinzipiell Arbeitszeit überdenken und nicht nur Feiertage, https://www.ots.at/presseaussendung/OTS_20190122_OTS0145/zinggljetzt-prinzipiell-arbeitszeit-ueberdenken-und-nicht-nur-feiertage (Stand: 22.01.2019)
- OTS 0206, 23.01.2019, Warum kein Abtausch von Feiertagen?, https://www.ots.at/presseaussendung/OTS_20190123_OTS0206/tiroler-tageszeitung-ausgabe-vom-24-jaenner-2019-leitartikel-von-alois-vahrner-warum-kein-abtausch-von-feiertagen (Stand: 28.08.2019)
- OTS 0162, 04.02.2019, Leichtfried: Offener Streit in der Regierung zu Papamonat und Karfreitag, https://www.ots.at/presseaussendung/OTS_20190204_OTS0162/leichtfried-offener-streit-in-der-regierung-zu-papamonat-und-karfreitag (Stand: 05.02.2019)
- OTS 0270, 27.02.2019, Karfreitag – Rendi-Wagner zu Regierung: Geben Sie den Menschen einen Feiertag zurück., https://www.ots.at/presseaussendung/OTS_20190227_OTS0270/karfreitag-rendi-wagner-zu-regierung-geben-sie-den-menschen-einen-feiertag-zurueck-den-sie-durch-ihre-harte-arbeit-verdient-haben (Stand: 03.09.2019)
- OTS 0183, 26.02.2019, NEOS zu Karfreitagsregelung: Ein Feiertag für die Bürokratie, https://www.ots.at/presseaussendung/OTS_20190226_OTS0183/neos-zu-karfreitagsregelung-ein-feiertag-fuer-die-buerokratie (Stand: 03.09.2019)
- OTS 0182, 26.02.2019, Industrie: Bei Karfreitags-Lösung auf betriebliche Abläufe achten, https://www.ots.at/presseaussendung/OTS_20190226_OTS0182/industrie-bei-karfreitags-loesung-auf-betriebliche-ablaeufe-achten (Stand: 27.03.2019)
- OTS 0247, 27.03.2019, Neue Karfreitags-Regelung wird mit Abstrichen auch für BeamtInnen gelten, https://www.ots.at/presseaussendung/OTS_20190327_OTS0247/neue-karfreitags-regelung-wird-mit-abstrichen-auch-fuer-beamtinnen-gelten (Stand: 19.09.2019)
- RechtEasy, https://www.rechteasy.at/wiki/oeffentliches-interesse/ (Stand: 18.09.2019)

- Spiegel online, Regierung will Japaner zum Urlaub zwingen, https://www.spiegel.de/karriere/japan-will-arbeitnehmer-zu-fuenf-tagen-urlaub-pro-jahr-zwingen-a-1016708.html (Stand: 27.06.2019)
- Spiegel online, Russland wendet sich vom Strafgericht ab, https://www.spiegel.de/politik/ausland/russland-wendet-sich-vom-internationalen-strafgerichtshof-ab-a-1121601.html (Stand: 12.07.2019)
- Statistik Austria, Bevölkerung nach Alter und Geschlecht, https://www.statistik.at/wcm/idc/idcplg?IdcService=GET_PDF_FILE&RevisionSelectionMethod=LatestReleased&dDocName=023468 (Stand: 08.10.2019)
- trend, 8. Dezember: Welche Rechte für Arbeitnehmer im Handel gelten, https://www.trend.at/branchen/rechtsschutz/dezember-welche-rechte-arbeitnehmer-handel-8404404 (Stand: 28.06.2019)
- Wiener Zeitung, Gender Pay Gap über EU-Schnitt, https://www.wienerzeitung.at/nachrichten/wirtschaft/oesterreich/1020100_Gender-Pay-Gap-ueber-EU-Schnitt.html (Stand: 13.08.2019)
- Wiener Zeitung, Arbeitsrechtler: Eingriff in Kollektivvertrag unzulässig, https://www.wienerzeitung.at/nachrichten/politik/oesterreich/1019428-Arbeitsrechtler-Eingriff-in-Kollektivvertrag-unzulaessig.html (Stand: 29.08.2019)

FSC
www.fsc.org
MIX
Papier | Fördert
gute Waldnutzung
FSC® C083411

Kolibri 360 GmbH
Ferdinand-Jühlke-Straße 7
99095 Erfurt, Deutschland
produktsicherheit@kolibri360.de

Druck:
CPI Druckdienstleistungen GmbH
im Auftrag der
Kolibri 360 GmbH
Ferdinand-Jühlke-Str. 7
99095 Erfurt